HISTOIRE

DES PLANTES

LES PLUS REMARQUABLES

DU BRÉSIL ET DU PARAGUAY.

PARIS, IMPRIMERIE DE A. BELIN,
rue des Mathurins S. J., n°. 14.

HISTOIRE
DES PLANTES
LES PLUS REMARQUABLES
DU BRÉSIL ET DU PARAGUAY;

COMPRENANT LEUR DESCRIPTION,
ET DES DISSERTATIONS SUR LEURS RAPPORTS, LEURS USAGES, etc.,

AVEC DES PLANCHES, EN PARTIE COLORIÉES

PAR M. AUGUSTE DE SAINT-HILAIRE,
CORRESPONDANT DE L'ACADÉMIE DES SCIENCES, MEMBRE DE PLUSIEURS SOCIÉTÉS SAVANTES.

Dédiée à Sa Majesté Très-Fidèle.

TOME PREMIER.

A PARIS,
CHEZ A. BELIN, IMPRIMEUR-LIBRAIRE,
RUE DES MATHURINS SAINT-JACQUES, N°. 14.
1824.

A

SA MAJESTÉ TRÈS-FIDÈLE.

Sire,

Si j'ai pu parcourir une vaste partie de l'Amérique méridionale, et y faire quelques observations utiles, j'en suis redevable à la protection que Votre Majesté a daigné m'accorder.

Votre Majesté chercha constamment à faire le bonheur de ses peuples; Elle a étendu ses bienfaits jus-

qu'aux étrangers, et Elle a toujours favorisé d'une manière spéciale les hommes qui se dévouent à la culture des sciences. Aucun Souverain ne sauroit avoir de plus beaux titres aux éloges de la postérité et à la reconnoissance des contemporains. J'ose espérer que VOTRE MAJESTÉ *daignera agréer comme une faible marque de celle dont je suis pénétré, cet ouvrage qui a été préparé sous ses auspices et dont je suis glorieux de pouvoir lui faire hommage.*

J'ai l'honneur d'être,

DE VOTRE MAJESTÉ,

Le très-humble et très-obéissant serviteur,

AUGUSTE DE SAINT-HILAIRE.

AVANT-PROPOS.

UNE Collection de plantes extrêmement considérable a été, pour la botanique, le résultat de mes voyages dans l'intérieur du Brésil et les Missions du Paraguay; mais si je n'eusse fait que recueillir et dessécher des échantillons, je n'aurois point atteint le but que je m'étois proposé, celui de connoître la végétation des contrées que je parcourois. Toutes les espèces que j'ai rapportées ont été analysées sur les lieux; j'ai pris les divers renseignemens qui pouvoient répandre quelque intérêt sur leur histoire, et je me suis livré surtout à l'étude des rapports qui élève la botanique au rang des sciences les plus philosophiques. L'ouvrage que je publie aujourd'hui contiendra une partie de mes observations. Je ne me contenterai point d'y décrire des espèces nouvelles; je présenterai une suite de dissertations sur la botanique proprement dite, la physiologie végétale, les affinités des familles entre elles, et je tâcherai de répandre dans ce Recueil toute la variété dont il est susceptible. Ainsi, après une Monographie des genres *Sauvagesia* et *Lavradia*, où je passerai en revue les rapports d'une longue suite de genres, je donnerai un Mémoire physiologique sur le *Gynobase*, et j'y discuterai l'organisation de la famille des *Rutacées*. La relation d'un empoisonnement occasionné par le miel de la guêpe *Lecheguana*, me conduira à entrer dans quelques détails sur les plantes narcotiques et vénéneuses. Dans un autre mémoire, également historique, je ferai connoître la véritable *herbe du Paraguay* et les diverses espèces que l'on a confondues avec elle. Une seconde dissertation sur le *Gynobase* me donnera lieu d'examiner ce qu'il y a de plus délicat dans la structure du fruit des *Verbenacées*, des *Labiées*, des *Borraginées* et des *Convolvulacées*. J'examinerai dans un nouveau Mémoire sur le *Placenta central*, diverses plantes dont je n'ai point parlé dans les Mémoires que j'ai publiés plus anciennement sur le même sujet. Quelques Monographies me conduiront à faire figurer des espèces remarquables, tantôt par la grandeur et la beauté de leurs fleurs, tantôt par la singularité de leurs formes. Je décrirai principalement les plantes que je dois citer dans la *Relation de mon Voyage;* et, se rattachant ainsi l'un à l'autre, ces deux ouvrages auront, j'ose l'espérer, un plus grand intérêt.

On conçoit qu'embrassant quelquefois des sujets très-étendus, tels que ceux qui sont relatifs à la structure des organes et aux affinités botaniques, je ne saurois me borner à l'examen des plantes du Brésil et du Paraguay; une foule d'observations que j'avois faites avant de commencer mon voyage, et qui étoient destinées à une *Histoire du pistil et des fruits des plantes de la France,* entreront dans mes Dissertations; et me permettront de généraliser davantage mes idées.

A la suite de chaque Dissertation viendra la description latine des genres nouveaux et des espèces nouvelles dont j'aurai fait mention, et à ces descriptions seront jointes encore des observations de détail, écrites en français. Des planches, dont le tiers environ est en partie colorié, et qui représentent les plantes les plus curieuses, doivent accompagner l'ouvrage. Elles ont été gravées en taille-douce d'après les dessins d'un jeune artiste déjà connu par ses talens et la fidélité de ses crayons (1), et si je n'ai pu exécuter moi-même les analyses des diverses espèces, toutes du moins ont été faites sous mes yeux.

L'*Histoire des Plantes les plus remarquables du Brésil et du Paraguay* est le fruit d'un travail auquel j'ai sacrifié de longues années. On y trouvera sans doute bien des imperfections; mais je puis affirmer du moins que cet ouvrage a été exécuté avec tout le soin que j'étois capable d'y mettre, et si je n'ai pas mieux fait, c'est qu'il m'étoit impossible de mieux faire.

---

(1) M. Blanchard.

INTRODUCTION.

ESQUISSE DES VOYAGES DE L'AUTEUR, CONSIDÉRÉS PRINCIPALEMENT SOUS LE RAPPORT DE LA BOTANIQUE.

Me proposant de décrire, dans cet ouvrage, les plantes les plus remarquables du Brésil et du Paraguay, je crois qu'il ne sera pas inutile de faire précéder leur histoire d'un aperçu de mes voyages dans ces vastes contrées, et de présenter un tableau rapide de leur végétation.

Je partis de France, le 1er. avril 1816, à bord de la frégate l'*Hermione*, qui portoit à Rio-de-Janeiro M. le duc de Luxembourg, ambassadeur de France.

Les trois relâches que nous fîmes à Lisbonne, Madère et Ténériffe, furent malheureusement trop courtes pour me permettre beaucoup de recherches; mais elles me procurèrent l'occasion d'observer la différence que le changement de latitude apporte dans l'époque du développement des mêmes végétaux. Ainsi nous laissâmes à Brest les pêchers sans feuilles et sans fleurs; le 8 avril ceux de Lisbonne étoient entièrement fleuris, et il en étoit de même du *Cercis*, de plusieurs espèces de *Lathyrus*, de *Vicia*, d'*Ophris*, de *Juncus*, etc.; le 25, à Madère, nous trouvâmes les pêches déjà nouées et le froment en épis; le 29, à Ténériffe, on faisoit la moisson, et les pêches avoient presque atteint une maturité parfaite.

Je passai à Rio-de-Janeiro tout le temps qu'y resta M. l'ambassadeur, et j'en parcourus soigneusement les alentours. L'extrême humidité qui règne dans cette partie du Brésil y entretient la végétation dans une activité continuelle; durant toutes les saisons, on trouve des plantes en fleur; l'été et l'hiver s'y distinguent à peine par une légère différence de teinte dans la verdure des forêts; et si l'on excepte les montagnes élevées de la province de Minas-Geraes, je crois que le district de Rio-de-Janeiro est le pays de tout le Brésil méridional qui, sur une même étendue de terrain, présente la Flore la plus variée.

Je préludai à mes voyages par une excursion sur les bords du Parahyba, à environ 25 ou 30 lieues de Rio-de-Janeiro, et je passai un mois dans la magnifique habitation d'Uba, au milieu des bois vierges (1).

Accoutumé à la fatigante monotonie de nos forêts de pins, de hêtres ou de chênes, l'Européen ne sauroit se former qu'une idée imparfaite des bois vierges de l'Amérique méridionale, où la nature semble avoir épuisé ses forces pour étaler ce qu'elle a de plus magnifique et de plus varié. Là des arbres qui appartiennent à une foule de familles différentes se pressent et confondent leur feuillage; les *Mimoses* naissent à côté des *Cecropia;* les *Lecythis* et les *Vochisiées* près des *Palmiers* et des fougères en arbre. Des plantes parasites aux fleurs brillantes, telles que les *Orchidées* et les *Tillandsia*, revêtent les troncs desséchés d'une parure étrangère, et supportent elles-mêmes d'autres plantes parasites. Les tiges des bambous, entourées par intervalle de verticilles feuillés, s'élèvent à une hauteur prodigieuse et se courbent en berceaux élégans. Non moins variées que les grands végétaux, les lianes, tantôt comme les racines de certaines *Aroïdes*, tombent parfaitement droites de la cime des arbres les plus élevés, et tantôt comme les *Bignonia*, les *Cissus*, les *Hipocratea*, se tordent à la manière des cables, pendent en festons, décrivent des ondulations gracieuses, s'élancent d'un arbre à l'autre, les serrent, les enlacent et forment des masses de

---

(1) Cette habitation appartient à mon ami M. le commandeur Joaô Rodrigues Pereira de Almeida, qui m'a procuré des recommandations pour toutes les parties de l'Amérique que j'ai visitées, et sans lequel je me plais à reconnoître qu'il m'eût été impossible d'achever mes voyages.

feuilles et de branches où l'on a peine à démêler ce qui appartient à chaque végétal. Il faut avouer cependant qu'on voit dans les bois vierges beaucoup moins de fleurs que dans les pays découverts, et cela ne sauroit étonner, puisque la floraison met, comme l'on sait, un terme à la végétation, et que celle-ci sans cesse excitée dans les forêts de l'Amérique méridionale par ses deux agens principaux, la chaleur et l'humidité, doit nécessairement y conserver une activité continuelle.

Les forêts qui s'étendent à une petite distance d'Uba, vers le Rio-Bonito, servent d'asile à quelques centaines de ces Indiens que les Portuguais appellent *Coroados*, nom sous lequel ils confondent les foibles restes de différentes peuplades. L'ensemble des mêmes traits se retrouve chez toutes les nations américaines, mais chacune se distingue par des nuances de physionomie aussi faciles à reconnoître que celles qui caractérisent les peuples de l'Europe. Les Coroados du Rio-Bonito sont les plus laids et les plus désagréables peut-être de tous les Indiens que j'ai rencontrés dans mes voyages. Leur peau est d'un bistre terne et fort obscur; ils sont en général petits; leur énorme tête, aplatie au sommet, est enfoncée dans leurs épaules, et leur physionomie a quelque chose d'ignoble que je n'ai jamais vu chez les autres indigènes. Ils sont tout à la fois nonchalans, tristes, indifférens et stupides. A peine regardent-ils celui qui les caresse ou leur fait des présens. Tantôt ils montrent une sorte de timidité niaise, et, quand on leur parle, ils baissent la tête comme des enfans; tantôt ils poussent de grands éclats de rire dont il est impossible de deviner la cause. Ces Indiens errent dans les bois à 30 lieues de la capitale sans conserver d'habitations fixes, souvent dévorés par des maladies honteuses, à la merci des mulâtres et des hommes d'une classe inférieure parmi lesquels ils vivent; et personne ne songe à leur donner quelques idées de morale, et à les élever à ce foible degré de civilisation dont ils seroient susceptibles.

J'avois eu le chagrin de voir M. Delalande (1), mon compagnon de voyage, s'embarquer pour l'Europe; ce naturaliste infatigable pouvoit difficilement être remplacé; mais voulant rendre son départ du Brésil moins sensible aux zoologistes, je commençai, pendant mon séjour à Uba, à réunir des insectes, des oiseaux, de petits quadrupèdes; et, jusqu'à mon retour en France, j'ai consacré au soin de former des collections d'animaux tout le temps qu'il m'étoit possible de dérober à mes observations botaniques : trop contrarié malheureusement par l'embarras des transports, l'extrême humidité et par une foule de difficultés dont le détail passeroit les bornes de cette Introduction.

Je partis de Rio-de-Janeiro, le 7 décembre 1816, pour me rendre dans la capitainerie des Mines, et j'employai quinze mois à parcourir une grande partie de cette vaste province.

Je crois que, pour faire mieux comprendre mes récits, il ne sera pas inutile de donner ici une idée générale des pays que j'ai visités. Les provinces maritimes du Saint-Esprit, Rio-de-Janeiro, Saint-Paul et Sainte-Catherine, sont bordées, du côté de la mer, par une chaîne de montagnes qui commence dans le nord du Brésil, laisse peu d'intervalle entre elle et le rivage, et qui, s'étant avancée jusques dans la province de Rio-Grande-do-Sul, décrit une courbure, se retire vers l'ouest et va finir dans la province des Missions. Une autre chaîne, à peu près parallèle à la première, mais plus élevée (2), s'étend vers le nord-est de la province de Saint-Paul, traverse toute celle des Mines, la sépare en deux parties très-inégales, divise les

(1) Avant son voyage au Brésil, M. Delalande en avoit déjà fait deux autres pour enrichir le Muséum d'histoire naturelle; et, après être revenu d'Amérique, il alla former des collections au cap de Bonne-Espérance. Tant de fatigues et de travaux avoient altéré sa santé; les chagrins, qui trop souvent attendent le naturaliste voyageur à son retour dans sa patrie, vinrent augmenter ses maux, et il fut enlevé à ses amis dans l'été de 1823.

(2) *Serra do espinhaço* Eschw.

eaux du Rio-Doce et du Rio-de-Saint-Francisco, et va se perdre dans le nord du Brésil. L'espace compris entre les deux chaînes est coupé par d'autres montagnes, qui, assez généralement, se dirigent de l'est à l'ouest, et laissent entre elles de profondes vallées. Si l'on excepte certaines parties moins inégales, situées dans la province de Saint-Paul et le district de Minas-Novas, le pays qui s'étend à peu près depuis la mer jusqu'à la cordillière occidentale, est entièrement couvert de forêts, ou le fut jadis, avant que la main des hommes les eût détruites. A l'ouest de la chaîne occidentale, tout change d'aspect; aux montagnes succèdent des collines arrondies; de vastes pâturages s'offrent aux yeux du voyageur, et, avec une végétation différente, paroissent d'autres oiseaux et de nouveaux insectes. Si pourtant, au milieu d'un terrain découvert et simplement ondulé, il se trouve une vallée humide et profonde, s'il existe quelque enfoncement sur le penchant d'un morne, on peut être assuré d'y trouver un de ces bouquets de bois que les habitans appellent *capoés*, où ils forment leurs plantations, et qui diffèrent singulièrement des forêts vierges. Cependant le terrain s'abaisse jusqu'au Rio-de-Saint-Francisco, et la végétation éprouve des changemens que je ferai connaître à mesure que j'indiquerai les contrées que j'ai parcourues. A l'ouest du Rio-de-Saint-Francisco, le sol s'élève pour la seconde fois, et l'on arrive peu à peu à un plateau qui divise les eaux de ce grand fleuve et celles du Parana. Quelques points de ce plateau (1) présentent de véritables montagnes, telles que la Serra-da-Canastra et la Serra-dos-Pyreneos; mais d'ailleurs il est généralement trop égal pour pouvoir porter le nom de chaîne.

Lorsqu'on se rend dans la province des Mines par la grande route de Rio-de-Janeiro à Villa-Rica, on trouve, dans une largeur de plus de 50 lieues, des montagnes souvent escarpées, des vallées profondes, et toujours des bois vierges; ceux-ci ne présentent pas de différences extrêmement sensibles; cependant comme le terrain

(1) *Serra dos vertentes* Eschw.

s'élève graduellement, et que l'humidité diminue à peu près dans la même proportion, la végétation devient aussi peu à peu moins riche et moins variée.

A quelques lieues de l'endroit appelé Mantiqueira, près de la ville de Barbacena (1), on a déjà passé la chaîne occidentale (2), et c'est alors qu'on se trouve presque tout à coup dans ces pâturages immenses que l'on appelle *campos*. Ils se composent de *Graminées* entremêlées d'herbes, de sous-arbrisseaux et quelquefois d'arbrisseaux peu élevés; on y trouve en abondance des *Composées* et surtout des *Vernonies;* les *Myrthées*, les *Mélastomées* à fruits capsulaires y sont fort communes; mais on n'y revoit plus d'*Acanthées*, famille si nombreuse dans les bois vierges.

Les pâturages que je viens de décrire se retrouvent dans tous les pays élevés et peu montueux du midi de la province des Mines; ils forment une portion très-considérable de la Comarca (3) du Rio-das-Mortes, et c'est là que naissent presque tous les bestiaux qui servent à la nourriture des habitans de Rio-de-Janeiro.

Tandis que les sites de Rio-de-Janeiro épuisent, par leur pompe et leur diversité, l'admiration du voyageur, les environs de Villa-Rica, capitale de la province des Mines, attristent ses regards par leur aspect âpre et sauvage. Il ne découvre de tous côtés que des gorges profondes et des montagnes arides. Partout des terrains sillonnés, déchirés, bouleversés en tout sens attestent les travaux des mineurs; les antiques forêts ont été incendiées; la verdure des gazons a fait place à des amas de cailloux, et les rivières, souillées par l'opération du lavage, roulent des eaux rougeâtres et fangeuses.

Sans aucune connoissance en hydraulique, les habitans de la province de Minas-Geraes ont cependant une rare intelligence

(1) Et non Barbazenas ou Barbasinas, comme on l'a écrit.

(2) La chaîne occidentale porte dans une partie considérable de sa longueur le nom de *Serra da Mantiqueira* qu'elle emprunte de ce lieu.

(3) La province de Minas-Geraes est divisée en quatre *Comarcas*.

pour amener les eaux où elles leur sont nécessaires. D'ailleurs l'art du mineur est chez eux dans l'enfance; c'est dans des gamelles qu'ils font transporter la terre où l'or se trouve mêlé; ils laissent échapper beaucoup de parcelles d'or dans le travail du lavage; souvent pour arriver à un filon qui se trouve à la base d'une montagne, ils la coupent dans toute sa hauteur, et beaucoup d'esclaves périssent ensevelis sous des terres éboulées.

Les montagnes élevées des environs de Villa-Rica, qui font partie de la grande chaîne occidentale, sont généralement découvertes, du moins à leur sommet; elles offrent un nombre de végétaux infiniment plus considérable que les *campos* de la Comarca du Rio-das-Mortes, et sans doute il se passeroit bien des années avant qu'on eût entièrement épuisé la Flore des Serras d'Itacolumi (1), de Caraça (2), de Deos-Livre, etc. Là croissent principalement une foule de *Mélastomées* à petites feuilles, quelques jolis *Sauvagesia*, beaucoup d'*Eriocaulon*, de *Xiris*, des *Luxemburgia*, un grand nombre de *Composées*, d'*Apocinées*, etc. Parmi les plantes qui caractérisent les hautes montagnes de la province des Mines, je ne puis m'empêcher de citer encore les *Vellozia* (Vandelli) (3), genre de la famille des *Amarillidées :*

---

(1) Ce nom vient de deux mots indiens *ita*, pierre, et *cunumi*, enfant. J'écris *Itacolumi*, comme l'a fait l'abbé Casal, parce que cette dernière orthographe est conforme à la prononciation actuelle; et c'est à tort, ce me semble, qu'un savant historien reproche à l'auteur du *Corografia Brasilica* de s'être écarté des étymologies dans la manière dont il écrit le nom des lieux. On doit sans doute, autant qu'on peut, rappeler les étymologies; mais il faut, si je ne me trompe, que le voyageur et le géographe écrivent les noms des pays dont ils donnent la description, tels que les habitans eux-mêmes les prononcent et les écrivent. Sans cela la géographie finiroit par devenir une science inintelligible.

(2) Des mots indiens *cara* et *haça*, ou *caa raçapaba*, ou même simplement *caraça*, défilé.

(3) *Radia*, Ach. Rich. Le nom de Vandelli doit être préféré parce qu'il est plus ancien et qu'il rappelle deux botanistes brasiliens fort distingués. Le *Vellozia* est voisin du *Xerophyta*.

chez plusieurs de ses espèces qui vivent en société, des rameaux étalés, courts, épais, chargés d'écailles (1), forment un arbrisseau rabougri fort remarquable par son port; ces rameaux se terminent par une touffe de feuilles graminées, et du milieu d'entre elles naissent des fleurs bleues, violettes, quelquefois blanches, aussi grandes que nos lys.

Le fer, si commun dans la partie orientale de la province des Mines, y est indiqué par plusieurs plantes particulières, et, entre elles, on doit remarquer les trois *rubiacées* à tige arborescente et grêle, à feuilles dures, à fleurs odorantes, que les habitans confondent sous le nom de *quina da serra* ou *de Remijo*, et qu'ils emploient au même usage que le quina du Pérou (2).

Le pays qui s'étend de Villa-Rica à Villa-do-Principe offroit naguère des bois immenses, dont une portion considérable a été remplacée par des pâturages. Lorsque, dans cette contrée, on coupe une forêt vierge et qu'on y met le feu, il succède aux végétaux gigantesques qui la composoient, un bois formé d'espèces entièrement différentes et beaucoup moins vigoureuses; si l'on brûle plusieurs fois ces bois nouveaux (3) pour faire quelques plantations au milieu de leurs cendres, comme on a fait d'abord dans celles des bois vierges (4), bientôt on y voit naître une grande fougère qui ressemble singulièrement au *Pteris aquilina* (5); au bout de très-peu de temps enfin, les arbres et les arbrisseaux ont disparu, et le terrain se trouve entièrement occupé par une graminée grisâtre, velue et uniflore,

---

(1) Ces écailles ne sont autre chose que la base des anciennes feuilles.

(2) Je les ai décrites dans mon livre des *Plantes usuelles des Brasiliens*, n°. 11, sous les noms de *Cinchona ferruginea*, *Vellozii*, *Remijiana*.

(3) Ce sont eux qu'on appelle *capueiras*.

(4) Tel est le système détestable d'agriculture adopté par les Brasiliens des provinces de Rio-de-Janeiro, Minas-Geraes, Goyaz, etc., où l'on ne fait usage ni de charrue ni de fumier.

(5) C'est le *Pteris caudata*.

qui souffre à peine quelques plantes communes au milieu de ses tiges serrées, et qu'on appelle *capim melado* ou *capim gordura* (1), parce qu'elle transsude un suc abondant et visqueux. Plusieurs habitans désignent avec raison, sous le nom de *campos artificiaes*, les pâturages dont je viens d'indiquer l'origine, et ils les distinguent ainsi de ceux du Rio-das-Mortes, qu'ils appellent par opposition *campos naturaes*.

Pour achever ici l'histoire des alternemens singuliers auxquels donnent lieu la coupe et l'incendie des forêts vierges, je dois dire que si on passe dix-huit à vingt ans environ sans couper les bois qui leur succèdent, et qu'en même temps les bestiaux ne s'y introduisent point, on voit disparoître peu à peu les végétaux qui composoient ces derniers, les espèces primitives se montrent de nouveau (2), et il finit par se former un bois que l'on a peine à distinguer des véritables forêts vierges.

L'or abondoit autrefois dans les environs de Villa-Rica; ce pays fut riche et florissant, et l'on y bâtit un grand nombre de jolis villages; mais le métal, auquel la province des Mines doit sa population, est devenu rare, ou difficile à extraire; les esclaves sont morts, et, faute de capitaux, ils n'ont pu être remplacés; les Mineurs, en bouleversant de vastes terrains, les avoient enlevés à l'agriculture, et, ne voulant faire usage ni de la charrue ni des engrais, ils ne peuvent tirer parti de leurs champs de *capim gordura* (3); ils sont donc obligés de s'éloigner de leurs premières demeures; ils se répandent sur les frontières de leur vaste pays, y

(1) Souvent le *capim gordura* remplace immédiatement les *capueiras*, ou même se montre au milieu d'elles après que les bois vierges ont été coupés. C'est cette graminée qui a été décrite par M. Nees sous le nom de *Tristegis glutinosa*.

(2) Les bois portent dans cet état le nom de *capueiras*.

(3) Le *capim gordura* engraisse les chevaux et les bestiaux, mais leur donne peu de vigueur.

détruisent d'autres forêts, et envient aux tribus errantes des Botocudos (1) les retraites qui leur restent encore.

Je fus retenu à Villa-do-Principe par une maladie assez grave, suite des fatigues que j'avois éprouvées. Au bout d'un mois je me remis en route; mais au lieu de continuer à me diriger vers le nord, je m'enfonçai dans les forêts épaisses qui couvrent la partie orientale de la province des Mines, et j'arrivai à Passanha, où l'on a placé un des détachemens chargés de protéger les frontières de la province contre les invasions des sauvages (2).

Depuis Uba, je n'avois vu aucun Indien, mais je trouvai à Passanha les restes de plusieurs peuplades indigènes, qui se sont rapprochés des Portugais par la crainte des Botocudos, ennemis de toutes les autres nations indiennes.

Le froment réussit très-bien dans les forêts de Passanha, et rend communément quarante pour un.

Comme au-delà de ce lieu l'on ne trouve plus que des forêts impénétrables, habitées par des Botocudos en guerre avec les Portugais, je fus obligé de revenir sur mes pas; mais bientôt je me dirigeai vers le district de Minas-Novas, qui a fourni à l'Europe tant d'améthystes, de chrysolithes, de topazes blanches, et d'aigues marines.

Les larges plateaux, si communs dans ce district, offrent des espèces de forêts naines composées d'arbustes de trois à cinq pieds, rapprochés les uns des autres, et qui, suivant les localités, diffèrent singulièrement entre eux pour les genres et les espèces. La

---

(1) Ce mot est d'origine portugaise, comme M. le prince de Neuwied l'a très-bien fait observer. Il ne faut point écrire Botecudis, ainsi que l'ont fait quelques voyageurs.

(2) Ces détachemens, composés d'un très-petit nombre de soldats, sont placés sur sept points différens, et portent, assez mal à propos, le nom pompeux de *divisions*. Leur formation date du ministère du comte de Linharès.

plante qu'on trouve le plus généralement parmi eux est une *Mimose* épineuse dont le feuillage délicat est d'une élégance extrême, dont les fleurs sont disposées en épis grêles, et dont le port rappelle quelquefois notre *Genêt anglican* (1). Hors du district de Minas-Novas, j'ai rarement retrouvé les bois nains que je viens de décrire; on leur donne le nom de *carascos*.

Après avoir traversé, par des chemins extrêmement difficiles, un pays désert, qui souvent est le théâtre des incursions des Botocudos, j'arrivai au lieu appelé Alto-dos-Bois (2) où est situé le village des Maconis.

Dans presque toute la longueur du Brésil, les Indiens de la côte parlent divers dialectes de la langue appelée par les jésuites *lingoa geral* (3), à laquelle se rattache aussi l'idiôme Guarani en usage dans les Missions et tout le Paraguay proprement dit; mais, par une singularité fort remarquable, les langues des indigènes de l'intérieur, des Maconis, des Coroados, des Malalis, Monoxos, Machaculis ou Machacarès, Bororos, Coyapos, etc., ne ressemblent en rien à l'idiôme Guarani, et diffèrent presque également entre elles.

Quand j'arrivai à Villa-do-Fanado, capitale du district de Minas-Novas (4), on étoit au mois de mai; alors je ne trouvois plus de

---

(1) Mimosa dumetorum N. *Caule parcè aculeato; ramis sulcatis, pubescentibus; foliis 2-pinnatis, partialibus multijugis; foliolis minutis, lineari-ellipticis, subtùs glanduloso-punctatis; spicis axillaribus, geminis, gracilibus; corollâ profundè 5-fidâ; stam.* 10 *liberis; ovario villoso.*

(2) La montagne des bœufs.

(3) Un moderne parle de cette langue comme si elle portoit encore au Brésil le nom de langue *tupi*; mais ce dernier mot est aujourd'hui entièrement inconnu aux Brasiliens, et dans la réalité il paroît n'avoir jamais été qu'un sobriquet injurieux donné aux Indiens de la côte par leurs ennemis de l'intérieur.

(4) Elle porte aussi le nom de Villa-do-Bom-Successo. Tocayes ou Tocaya, qu'on a indiqué comme la capitale de Minas-Novas, est un lieu imaginaire. Peut-être avoit-on en vue l'habitation de Tocaios.

coléoptères, et les fleurs devenoient chaque jour plus rares. A Rio-de-Janeiro, la pluie tombe indifféremment dans tous les mois de l'année; mais il n'en est pas de même des provinces de Minas, de Goyaz, et d'une partie de celle de Saint-Paul; les pluies, qui, dans ces contrées, commencent en février, durent jusqu'au mois de mars; et pendant les mois qui suivent, la terre n'est rafraîchie presque jamais que par les rosées des nuits.

Au-delà de Villa-do-Fanado, le terrain s'abaisse et devient égal; la végétation change encore une fois, et l'on trouve des bois qui tiennent le milieu entre les forêts vierges et les *carascos*. Les *cattingas*, c'est ainsi qu'on les appelle, présentent ordinairement un épais fourré de broussailles, de plantes grimpantes et d'arbrisseaux au milieu desquels s'élèvent, comme des baliveaux, des arbres de moyenne grandeur. A la fin de la saison des pluies, les cattingas commencent à perdre leurs feuilles, et en juin elles en sont dépouillées; alors on n'y trouve plus d'insectes, et les oiseaux eux-mêmes se retirent pour la plupart sur le bord des rivières et dans le voisinage des habitations. Cependant, long-temps même avant le retour de l'été, les bourgeons de plusieurs espèces commencent à se développer, des *Bombacées* se couvrent de fleurs avant d'avoir des feuilles, et enfin, quand les pluies recommencent à tomber, les gazons renaissent, les arbres et les arbustes se revêtent d'une nouvelle parure, et les insectes reparaissent avec elles.

Ce qui prouve au reste que les cattingas doivent à la sécheresse la chûte de leurs feuilles, c'est qu'ils conservent leur verdure sur le bord des rivières et des fontaines, et souvent le voyageur qui traverse ces bois a tout à la fois sous les yeux l'image riante du printemps et celle de l'hiver.

Après avoir long-temps traversé des cattingas, je vis la végétation prendre tout-à-coup un aspect différent, et des forêts majestueuses, ornées de la plus belle verdure, succédèrent sans aucune transition à des bois dépouillés de feuilles, qui souvent ressemblent beaucoup à nos taillis de dix-huit ans. Le sol dans les cattingas offre un mélange de sable très-fin, et d'une terre végétale, noirâtre et friable : celui au contraire où je retrouvai des bois vierges est beaucoup moins sablonneux et plus substantiel. Telle est, je crois, la seule raison de la différence singulière que je viens de signaler.

Lorsque je me retrouvai dans des bois vierges, j'étois à environ 50 lieues de Villa-do-Fanado, près de Saint-Miguel-da-Jiquitinhonha (1). De nombreuses tribus de Botocudos errent dans les forêts voisines de ce hameau, et vivent avec les Portugais en bonne intelligence. Je passai quinze jours au milieu de ces Indiens, les plus vindicatifs, les plus imprévoyans sans doute des Brasiliens indigènes, mais aussi les plus gais, les plus communicatifs, les plus valeureux, et peut-être les plus spirituels ; je m'appliquai à connoître cette nation singulière ; et, quand je quittai les bords du Jiquitinhonha, je fus suivi par un jeune Botocudo qui, depuis, m'a constamment accompagné dans mes voyages, et que j'ai renvoyé dans sa patrie, avec tous les secours nécessaires, au moment où j'allois m'embarquer pour l'Europe (2).

Les Botocudos passent leur vie dans les bois, sans habitations fixes, sans aucune trace de culte, sans autre règle qu'un petit nombre d'usages que les pères transmettent à leurs enfans. Ils ne cultivent point la terre, et bornent leur industrie à façonner quelques poteries grossières, et à faire de petits sacs de filet, des arcs et des flèches. La chasse est leur unique occupation ; mais celui qui tue une pièce de gibier l'abandonne à ses compagnons, et n'en mange

(1) On écrit aussi Giquitinhonha, mais jamais Jigitonhonha, comme l'a fait un voyageur moderne.

(2) Les lois publiées par le roi D. Joseph, sous le glorieux ministère du marquis de Pombal, ont proclamé la liberté des Indiens. Néanmoins, pendant le séjour de Jean VI à Rio-de-Janeiro, il a été rendu un décret qui accorde aux cultivateurs dix années de la vie de ceux des Botocudos qu'ils prendront chez eux pour les ins-

point sa part. Ils se barbouillent le corps de noir et de rouge; mais ils ne portent aucun vêtement, et si l'on donne à une femme un morceau d'étoffe, elle ne songe qu'à s'en couvrir la tête. Lorsqu'un enfant a atteint l'âge de huit à douze ans, on lui perce les oreilles et la lèvre inférieure; on passe un morceau de bambou dans le trou qu'on a formé, et bientôt on y substitue un disque d'un bois léger; peu à peu on donne à ces disques une dimension plus grande, et ils ont, chez les adultes, jusqu'à un pouce et demi à deux pouces de diamètre. Les Botocudos n'ont qu'une femme à la fois, mais ils admettent le divorce; et lorsqu'un des époux surprend l'autre en adultère, il a le droit de lui faire sur les bras de longues incisions; châtiment que le coupable reçoit sans murmurer. Lorsque ces Indiens sont émus par quelque passion, lorsqu'ils veulent exprimer le mécontentement et la reconnoissance, ils agitent leurs flèches; leur physionomie s'anime; ils cessent de parler; ils chantent, et mêlent à des inflexions monotones et nazillardes des éclats de voix effrayans. Plusieurs savans ont pensé que les Américains indigènes ne formoient point une race distincte; les Botocudos, souvent presque blancs, ressemblent plus encore à la race mongole que les autres Indiens; quand le jeune homme de cette nation, qui m'a accompagné dans mes voyages, vit pour la première fois des Chinois à Rio-de-Janeiro, il les appela ses oncles, et le chant de ce dernier peuple n'est réellement que celui des Botocudos extrêmement radouci.

---

truire. Ce décret, comme il étoit facile de le prévoir, a donné lieu aux plus horribles abus. Des mulâtres et même des blancs achètent pour des bagatelles des enfans à leurs pères, ou même ils les enlèvent par force, et les vendent ensuite dans les différens villages du district de Minas-Novas. Lorsque j'étois sur les bords du Jiquitinhonha, il n'y avoit déjà plus d'enfans dans les tribus (lotes) qui communiquoient le plus avec les Portugais, et pour pouvoir en vendre encore, ces tribus faisoient la guerre à d'autres plus reculées. Il est à espérer que l'on s'occupera enfin du sort des Indiens, et que l'on annullera le décret que j'ai rappelé plus haut.

Je retournai à Villa-do-Fanado par un autre chemin, et je traversai différens villages du district de Minas-Novas, devenus riches depuis que leurs habitans ont renoncé à la recherche aventureuse de l'or et des pierreries, et qu'ils se sont livrés à la culture des cotonniers, plante qui réussit surtout dans les terrains légers où croissent les cattingas.

Sous le régime colonial, les Mineurs marchoient sur le fer, et il leur étoit défendu d'en fondre la plus légère parcelle; mais, après la translation de la cour de Lisbonne à Rio-de-Janeiro, on permit enfin aux habitans du Brésil de profiter des bienfaits que la nature leur a prodigués; le gouvernement lui-même établit des forges à ses frais, et une foule de propriétaires se mirent à fondre du fer pour l'usage de leur maison. Ce fut à Bom-Fim, près Arassuahy, dans le district de Minas-Novas, que je vis l'établissement de ce genre le plus important(1), et, après avoir eu trop souvent sous les yeux le spectacle affligeant de l'indolence et de l'apathie, j'éprouvai une véritable jouissance, en contemplant enfin celui de l'industrie et du travail.

Étant à Arassuahy, je me trouvois pour la seconde fois à peu de distance du District-des-Diamans; mais, avant de le visiter, je voulus parcourir la partie de la province des Mines qu'on appelle le Désert (*Certaõ*). C'est un vaste pays ondulé et coupé de quelques montagnes, qui s'étend à l'ouest de la province, et sert de bassin au Rio-de-Saint-Francisco. Là des cattingas, à peu près semblables à celles de Minas-Novas, croissent dans les fonds; l'utile et majestueux palmier, appelé *buriti*, s'élève au milieu des marais; et les plateaux enfin sont couverts de pâturages parsemés de diverses espèces d'arbres tortueux et rabougris, dont l'écorce est subéreuse, les feuilles souvent dures et cassantes, et dont l'ensemble rappelle assez bien l'effet que produisent des pommiers plantés dans nos prairies.

---

(1) Il a été formé par M. le capitaine Manoel Jose Alvez Pereira.

Si l'on fait abstraction des forêts vierges, on trouvera dans les diverses sortes de végétations particulières à la province des Mines une espèce d'échelle où les plantes diminuent de grandeur, à mesure que le terrain s'élève. Les cattingas croissent dans les parties les plus basses; au-dessus d'eux viennent les campos d'arbres rabougris; plus haut l'on trouve des carascos, qui ressemblent à nos jeunes taillis; les carascos, proprement dits, couronnent les grands plateaux, et enfin, sur les sommets les plus élevés, l'on ne trouve que des plantes herbacées entremêlées de sous-arbrisseaux. Tout le monde sentira au reste qu'une telle mesure ne sauroit être rigoureuse, et qu'il doit exister une foule d'exceptions déterminées par l'exposition, le plus ou moins d'humidité, et surtout par la nature du sol.

Parmi les animaux communs dans le Désert, on peut citer principalement l'oiseau appelé *seriema* (1), qui rivalise de légèreté avec les cerfs, quadrupèdes dont les habitans de cette contrée distinguent cinq espèces différentes.

Le bétail et les chevaux forment la principale richesse du Certaô ou Désert, et les terres salpêtrées qui abondent dans ce pays remplacent, pour les bêtes à cornes, le sel qu'on est forcé de leur donner dans les autres parties de la province des Mines et dans celle de Saint-Paul, lorsque l'on ne veut pas voir ces animaux languir et périr en peu de temps.

Continuant mon voyage vers le nord-ouest, j'arrivai enfin au Rio-de-Saint-Francisco, magnifique rivière dont on ne parle qu'avec effroi dans le reste de la province des Mines, à cause des maladies qu'elle occasionne. Ses eaux, pendant la saison des pluies, grossissent peu à peu, débordent et s'étendent jusqu'à une lieue de leur lit, et quelquefois davantage. A la fin de décembre, l'inondation est arrivée au point le plus élevé; mais peu à peu les eaux s'évaporent

(1) Le *cariama* des naturalistes.

et s'écoulent, et au mois d'avril la terre n'offre plus qu'un limon fangeux. L'air est bientôt corrompu par les matières animales et végétales en putréfaction; et c'est alors que commencent les maladies qui règnent tous les ans sur les bords du Rio-de-S.-Francisco; une fièvre ardente, précédée de frissons, attaque les habitans de cette contrée, et souvent elle laisse des obstructions qui conduisent au tombeau ceux qui ne sont point encore acclimatés et les individus d'un tempérament foible.

Les terrains inondés des bords du Rio-de-S.-Francisco (1) portent le nom de *lagadissos*, et sont couverts de deux légumineuses à épines, un *Bauhinia* à petites feuilles, et une *Mimose* odorante, qui forment des buissons impénétrables.

C'était au mois d'août et de septembre que je parcourois les déserts du Rio-de-S.-Francisco; je n'avais par conséquent rien à craindre des maladies; cependant ce voyage fut un des plus pénibles de ceux que j'ai faits dans le Brésil, et l'excessive sécheresse le rendit un des moins profitables pour l'histoire naturelle (2).

---

(1) Ceci suffit pour faire voir ce que l'on doit penser des descriptions brillantes que l'on a faites des bords du Rio-de-S.-Francisco. Il est certain que l'aspect de cette contrée doit être charmant dans la saison des pluies; mais il n'y règne point un printemps perpétuel, puisque la plupart des arbres perdent leurs feuilles pendant la sécheresse.

(2) Parmi les oiseaux que j'ai rapportés du Rio-de-S.-Francisco, je ne puis m'empêcher de citer le charmant troupiale appelé *soffrè* (*soffrer*, Casal. Cor. Bras., vol. 1, page 91). De toute la province des Mines, cet oiseau, qui appartient aux pays découverts, ne se trouve que dans le Certaô (désert) et à commencer à peu près vers la hauteur de Paracatù; mais de là il s'étend par l'intérieur jusque vers Bahia, et peut-être davantage du côté du nord. Il vole par petites troupes, se nourrit d'insectes, et, quoi qu'en dise Casal, il a un chant très-agréable. On le met quelquefois en cage pour le transporter à Villa-do-Principe et ailleurs; mais son plumage orangé blanchit peu à peu, et il ne vit guère plus d'un an loin de son pays natal. M. Valenciennes, naturaliste du Muséum, qui a classé les animaux vertébrés que j'ai déposés à cet établissement, et qui réunit à des vues

Le District-des-Diamans où j'entrai, après être sorti du Désert, peut avoir douze lieues portugaises de circonférence. Ce canton, le plus élevé peut-être de toute la capitainerie des Mines, ne présente guère que des terrains arides, des sables et des rochers nus au milieu desquels on trouve cependant un grand nombre de plantes rares et intéressantes. Un accident, dont je faillis être la victime, me retint pendant un mois à Tijuco, chef-lieu du district (1); je profitai de ce temps pour me procurer des renseignemens exacts sur l'administration singulière de ce pays, et, avant de le quitter, je visitai les différens points où l'on travaille encore au lavage des diamans. Cette pierre ne se trouve plus dans sa matrice primitive, mais seulement dans le lit des ruisseaux et sur leurs bords. Elle est aujourd'hui beaucoup moins abondante qu'elle n'étoit jadis; cependant, quoiqu'on n'emploie pas à son extraction à beaucoup près autant d'esclaves qu'autrefois, les dix années antérieures à 1818 ont présenté, pour les pierres extraites, un terme moyen de 18,000 karats.

---

philosophiques une connoissance profonde des espèces; M. Valenciennes, dis-je, caractérise le *soffrè* de la manière suivante: « Oriolus aurantius; *corpore aurantio, capite, jugulo, alis, caudâ et dorsis medium versus fasciâ, nigerrimis; maculâ alarum alba.* — Guira Tangeima Marcg. 192; *pro oriolo ictero a Gmelin acceptus.* — Or. ictero *multum affinis, sed differt,* 1°. *magnitudine minore;* 2°. *rostro abbreviato acutiore;* 3°. *colore florido aurantio;* 4°. *occipite aurantio et non nigro.* — Ab Or. Jacamaici *differt,* 1°. *magnitudine majore;* 2°. *cervice nigro nec aurantio;* 3°. *maculâ alarum majore et magis porrectâ.* » J'observerai qu'en admettant le *guira tangeima,* Marcg., pour synonyme de l'*oriolus aurantius,* il faut supposer que le mot *uranicus* a été mis, par faute d'impression, pour *aurantius,* et avouer en même temps que l'expression de *clamare,* employée par Marcgraff, convient peu pour exprimer le chant du *soffrè.*

(1) Je passai ce temps dans la maison de l'Intendant des diamans, M. Manoel Ferreira da Camara Bethancurt e Sà, et je fus traité chez lui comme chez un père. Que cet administrateur, également recommandable par ses lumières et sa droiture, reçoive ici l'hommage de ma reconnoissance!

Ne voulant pas retourner à Villa-Rica par les mêmes chemins, je suivis le sommet des montagnes très-élevées appelées Serra-da-Lapa, qui ne sont qu'une portion de la grande chaîne occidentale et qui divisent en partie les eaux du Rio-Doce et du S.-Francisco. Je ne puis m'empêcher de faire remarquer en passant que les poissons des rivières qui coulent à l'ouest de ces montagnes et se jettent dans le Rio de S.-Francisco, sont différens en général de ceux des rivières dont les eaux se dirigeant vers l'est, vont se réunir à celles du Rio-Doce.

J'eusse fait, dans la Serra-da-Lapa, la plus riche moisson de plantes, si les pluies qui tomboient depuis un mois ne m'eussent forcé de m'éloigner de ces montagnes, où les moindres ruisseaux devenoient des torrens.

Je recommençois alors à trouver des insectes; les végétaux offroient des fleurs et la plus belle verdure; mais il seroit difficile de donner une idée du temps qu'il faut perdre et des soins qu'il est nécessaire de prendre, lorsqu'on voyage dans ces contrées, pendant la saison des pluies, avec des collections que l'on veut conserver.

Avant de retourner à Villa-Rica, je passai par Sabarà, et dans les environs de cette ville, sur la montagne appelée Serra-da-Piedade, j'eus l'occasion d'observer une catalepsie extraordinaire qui avoit attiré l'attention de toute la province des Mines.

Sabarà est un des points de cette province où l'on a planté la vigne avec le plus de succès. Comme à Villa-Boa et ailleurs, elle y donne d'excellens fruits deux fois l'année, la première pendant la saison des pluies, et la seconde durant la sécheresse.

Après avoir revu Villa-Rica, je passai par la ville de S.-Joaô-del-Rey, et enfin j'arrivai à Rio-de-Janeiro au mois de mars 1817, plein de reconnoissance pour un peuple chez lequel j'avois trouvé l'hospitalité la plus aimable, que la nature a doué d'un caractère doux et communicatif, du sentiment des arts, d'une rare intelligence, d'une facilité extraordinaire pour apprendre ce qu'on lui enseigne, et qui, s'il a quelques défauts, les doit pour la plupart, peut-être, au système de gouvernement qui avoit précédé l'arrivée de Jean VI à Rio-de-Janeiro.

J'employai le peu de temps que je passai dans cette capitale à mettre de l'ordre dans mes notes et dans mes collections, et je fis au Muséum d'histoire naturelle de Paris l'envoi de quelques caisses d'oiseaux et de quadrupèdes. Ayant formé le projet d'adresser à l'Académie des sciences une *esquisse géographique de la végétation dans la capitainerie des Mines*, je me livrai à ce travail avec ardeur; mais le défaut de livres et d'objets de comparaison m'obligèrent bientôt à l'interrompre, et je dois m'en féliciter peut-être, puisque mes voyages subséquens me permettront d'étendre cette esquisse depuis les sources du Rio-dos-Tucantins jusqu'à l'embouchure du Rio-de-la-Plata. Je me bornai donc à faire passer à Messieurs les professeurs du Muséum un second *Mémoire sur les plantes dont le placenta devient libre après la fécondation*, et un autre sur la famille des *Vochisiées* (1); et, voulant prendre une idée de la côte qui s'étend au nord de Rio-de-Janeiro, je partis pour la province du Saint-Esprit et le Rio-Doce.

Le territoire que je parcourus avant d'arriver à ce fleuve est compris entre l'Océan et cette cordillière qui, se prolongeant parallèlement à la mer dans une partie considérable du Brésil, se rapproche plus ou moins du rivage. Une suite de lacs qu'on rencontre jusqu'à la ville de S.-Salvador-de-Campos, et dont plusieurs communiquent avec l'Océan, sembleroient prouver qu'à une époque, qui ne sauroit être extrêmement reculée, ses eaux s'étendoient jusqu'aux montagnes.

Si l'on excepte les endroits marécageux ou très-sablonneux, le

(1) Ils ont été insérés tous les deux dans les mémoires du Muséum d'Histoire naturelle.

pays est aujourd'hui couvert de bois vierges, ou bien il offre les plantes qui les remplacent, quand ils ont été détruits par la main des hommes.

A quelques différences près, les espèces des environs de Rio-de-Janeiro se retrouvent fort loin sur la côte au nord de cette ville. Cependant j'observai une végétation nouvelle pour moi dans ces terrains voisins de la mer, qu'on appelle *restingas*. Des arbrisseaux, hauts de quatre à six pieds, et rameux dès la base, y croissent çà et là; ils se présentent en général sous la forme de buissons isolés, mais chaque espèce a un port et un feuillage qui lui sont propres; de petites lianes grimpent entre leurs branches; un *Loranthus* (1) s'épanche en quelque sorte sur les nombreuses *Myrtées*, et des *Cactus*, à rameaux nus et dressés, contrastent avec les masses de feuillages arrondies qui les entourent : on diroit un jardin anglais où l'on a disposé avec art les espèces d'arbustes qui se marient le mieux, ou qui produisent les oppositions les plus heureuses. Si le terrain est sec, on ne voit entre ces arbrisseaux qu'un sable pur; s'il est humide, il y croît des plantes basses, entre autres des *Scirpus*, des *Eriocaulon* et des *Xiris*, deux genres qui se plaisent ensemble, comme chez nous le *Linum radiola* et l'*Exacum filiforme*; enfin, l'humidité augmente-t-elle davantage, on marche sur des tapis charmans, parsemés d'une quantité de petites fleurs couleur de chair, qui sont celles d'une *Hedyotis*(2). C'est aussi au milieu du sable des *restingas* que croissent l'*Ionidium Ipecacuanha* et une variété assez singulière de cette espèce, variété dans laquelle la corolle est deux fois plus courte que le calice, et

(1) Loranthus rotundifolius N. *caulibus diffusis; foliis subrotundis glabris; floribus axillaribus, congestis, bracteatis, 6-andris; pedunculis brevibus plurifloris.* On emploie ses feuilles bouillies avec du lait et du sucre dans les maladies de poitrine.

(2) Ce genre paroît devoir être réuni non-seulement aux *Houstonia*, mais encore aux *Oldenlandia*.

où trois filets restent stériles(1). A l'exception de la Serra-de-Caraça et de celle de Penha, dans la province des Mines, la restinga, voisine de la Cité (2) du Cap-Frio, est peut-être, pour la botanique, le point le plus intéressant que j'eusse visité jusqu'alors.

Avant d'arriver à la Cité du Cap-Frio, je passai par le village de S.-Pedro, où vivent les seuls Indiens qui existent encore sur la côte entre Rio-de-Janeiro et S.-Salvador-de-Campos.

---

(1) Ionidium Ipecacuanha var. *β. villosum; caule prostrato; foliis lanceolatis, acutis, argutè serratis; pedunculis axillaribus, solitariis, folio brevioribus, 2-bracteatis; corollâ calice duplò breviore, inclusâ, glabrâ; filamentis* 3 *sterilibus. Obs.* La plante que j'appelle ici *Ionidium Ipecacuanha,* et qui se trouve avec l'*I. indecorum*, est certainement la même que le *Viola Itoubou* d'Aublet (Guy., 808, t. 318) et le *Viola calcearia* de Lœfling (*it.*, 184); mais je lui donne le nom d'*Ipecacuanha* parce que ce nom est plus connu et plus significatif, et que je considère les *V. Ipecacuanha* et *calcearia* de Linné comme identiques. En effet, la plante de Barrère, rapportée comme synonyme du premier, est bien certainement l'*Itoubou* d'Aublet. Il y a plus: Barrère cite Pison, dont la courte phrase (Med. Bras., 101) indique certainement ma plante, et Pison ne pouvoit avoir qu'elle en vue, puisqu'il la nomme *Ipecacuanha branca* (*blanca* par faute d'impression), et que c'est bien mon espèce qu'on appelle *Ipecacuanha* ou *poaya branca* à Fernanbouc où Pison faisoit ses observations. Le *Pombalia* de Vandelli qui, soit dit en passant, auroit dû être adopté comme plus ancien à la place d'*Ionidium*, le *Pombalia*, dis-je, cité comme synonyme du *V. Ipecacuanha*, convient parfaitement à ma plante, avec cette différence qu'il n'est pas aussi velu; mais les échantillons que j'ai rapportés sont déjà moins velus que ceux qui viennent de la Guyane, et ceux-ci varient beaucoup pour la quantité de poils. M. le prince de Neuwied, qui a recueilli dans les mêmes lieux que moi la plante dont il s'agit ici, lui donne aussi le nom de *Viola Ipecacuanha* et la rapporte également au *Pombalia* de Vandelli. Quoi qu'il en soit au reste, les habitans du pays emploient avec un très-grand succès les racines de mes plantes dans les dyssenteries. On prétend aussi dans le nord du Brésil que l'*Ipecacuanha branca* guérit de la goutte.

(2) Le titre de cité (*cidade*) n'appartient en général qu'aux villes qui sont la résidence d'un évêque. Il fut donné, par exception, à celle du Cap-Frio, du temps de Philippe II, et elle l'a conservé depuis.

Au-delà de la Cité du Cap-Frio, j'allai visiter le cap qui porte le même nom, la première terre qu'aperçoivent les navigateurs sur la côte du Brésil lorsqu'ils se rendent d'Europe à Rio-de-Janeiro.

Dans le district de Goytacazes (1), les montagnes laissent une vaste plaine entre elles et l'Océan. C'est là que, de toute la province de Rio-de-Janeiro, on cultive le sucre avec le plus de succès. Les environs de la ville de Campos sont peut-être aussi animés que ceux de nos grandes villes de province, et en rappellent l'aspect. Peu de pays offrent un exemple d'une fertilité égale à celle des terres du district de Goytacazes; il en est qui, depuis cent ans, n'ont jamais cessé de produire, et pourtant on ne les fume point et elles ne sont arrosées par les eaux d'aucun fleuve (2). C'est dans ce canton seulement que j'ai trouvé quelque idée légère d'un système régulier d'assolement. Quand la canne à sucre commence à ne plus produire, on la remplace par le manhioc, qui donne d'abord des récoltes abondantes, et, lorsque celles-ci commencent à n'être plus aussi bonnes, on replante immédiatement dans le même terrain la canne à sucre, qui pousse avec une nouvelle vigueur.

Tandis que, dans la province des Mines, j'avois été si souvent fatigué par la monotonie de l'aspect des campagnes, je jouissois souvent dans ce nouveau voyage des points de vue les plus variés et les plus pittoresques. Mais il s'en faut bien que, du moins jusqu'à Campos, j'aie retrouvé, chez les habitans de la côte, l'aimable hospitalité et l'intelligence peu commune des Mineurs. Le voisinage d'une capitale, telle que Rio-de-Janeiro, explique assez le peu d'hospitalité des pays environnans; plusieurs causes s'opposent au déve-

---

(1) Ce nom est celui d'une peuplade Indienne que les Portugais confondent aujourd'hui avec plusieurs autres sous la dénomination générique de *Coroados* (couronnés), empruntée de la manière dont ces indigènes coupent leurs cheveux.

(2) Il existe des terrains qui sont inondés chaque année par le Parahyba, mais ce ne sont point les plus fertiles.

loppement des facultés intellectuelles de ceux qui y vivent; j'indiquerai légèrement une d'entre elles : même dans la province des Mines, pays éloigné de la mer, j'avois déjà remarqué que l'intelligence des habitans étoit en rapport avec l'élévation du sol (1).

La province du Saint-Esprit commence à peu de distance de Campos, et se prolonge, vers le nord, jusqu'au-delà du Rio-Doce; mais, tandis que du côté de Matogrosso, la domination brasilienne s'avance jusqu'aux frontières des colonies espagnoles, ici les Portugais ne se sont guère étendus à plus de huit lieues du rivage. Plus loin sont des forêts immenses, habitées par des Indiens sauvages, qui quelquefois même font des incursions sur la côte, et la rendent dangereuse à parcourir (2). Les hommes de notre race, les nègres et les mulâtres racontent une multitude de faits pour prouver que ces Indiens sont anthropophages; mais, quand on connoît la haine de ceux qui portent contre eux cette accusation, peut-être est-il permis de conserver quelques doutes.

On voit dans la province du Saint-Esprit plusieurs villages, naguère peuplés et florissans, qui furent construits par des Indiens civilisés; aujourd'hui ils sont déserts, et tombent en ruines, et il n'est pas difficile de prévoir que, dans peu d'années, il ne restera

(1) En convenant que les hommes de la côte sont bien loin d'accueillir les étrangers comme ceux de l'intérieur, je dois dire aussi que l'on a beaucoup exagéré leur inhospitalité. Quant au reproche de férocité qu'on leur a fait encore, il est suffisamment réfuté par la modération qu'ils ont montrée généralement dans les révolutions dont leur pays a été le théâtre. Il seroit presque ridicule, je crois, de s'arrêter à démontrer la fausseté de ce qui a été écrit sur la prétendue dextérité avec laquelle les habitans de Rio-de-Janeiro lancent leur couteau contre ceux dont ils croient avoir reçu quelque injure.

(2) On n'est point parfaitement d'accord sur les peuplades auxquelles ces sauvages appartiennent. Je dirai ici par occasion que l'ancien nom de Tupinambas, qui se retrouve dans plusieurs ouvrages modernes, n'est plus aujourd'hui connu des Brasiliens.

plus de leurs premiers habitans que des souvenirs historiques et quelques uns des noms qu'ils donnèrent aux lieux où ils vécurent.

Dans une grande partie du Brésil, les cultivateurs se plaignent avec raison du ravage des fourmis; mais peut-être en causent-elles plus que partout ailleurs aux environs de Benevente et de Villa-da-Victoria, capitale de la province du Saint-Esprit. Souvent, en une seule nuit, ces insectes dépouillent de leurs feuilles des groupes d'orangers, ou détruisent entièrement des plantations considérables de manhioc, et jusqu'à présent on n'a point encore trouvé de moyens efficaces pour éloigner ce fléau.

Avant d'arriver à Villa-da-Victoria, je vis avec quelque étonnement un terrain dont la végétation avoit l'aspect des *carascos* de Minas-Novas. En général les plantes des *restingas* ont souvent une grande analogie avec celles des plateaux sablonneux de la capitainerie des Mines, et cela prouve que les changemens de terrain ne contribuent guère moins que l'élévation du sol aux différences que l'on observe dans la végétation de cette province.

Le Rio-Doce, qui fut le terme de ce voyage, prend sa source dans la province des Mines, et pourroit être de la plus grande utilité pour répandre le fer sur la côte du Brésil et faire parvenir dans l'intérieur le sel dont les bestiaux ne sauroient se passer. Mais divers obstacles s'opposent malheureusement à cette navigation. Plusieurs catadupes (cachoeiras) arrêtent les eaux du fleuve dans leur cours, et ses bords, extrêmement malsains, sont infestés par des tribus de Botocudos, ennemies des Portugais. Sous le système colonial, le gouvernement évitoit de former des liens entre les provinces; lors de l'arrivée du roi au Brésil, on dépensa des sommes considérables pour rendre le Rio-Doce navigable; mais leur emploi fut mal dirigé, et, lorsque je visitai ce fleuve, il étoit à peine fréquenté par quelques aventuriers mulâtres auxquels l'appât du gain fait braver les périls attachés à cette navigation (1).

(1) On a annoncé la formation d'une compagnie qui doit se proposer pour objet

Pour pouvoir visiter le village de Linharès et le magnifique lac de Juparanan (1), je passai cinq jours sur les bords du Rio-Doce, et, sur trois personnes que j'avois avec moi, j'emmenai deux malades. Les pluies qui tombent si abondamment dans la province des Mines, de novembre jusqu'en mars, font sortir le fleuve de son lit, et, dans les endroits bas, il se forme sous les grands arbres des bois vierges, des marres où pourrissent des feuilles et d'autres débris de végétaux. Les gaz qui s'en exhalent, altèrent l'air atmosphérique pendant la saison de la sécheresse, et lorsqu'ensuite la rivière déborde, elle emporte avec elle ces eaux croupies qui corrompent les siennes et les rendent dangereures à boire. Ainsi, tandis que les rives du Rio-de-S.-Francisco ne sont malsaines que dans une saison, celles du Rio-Doce le sont pendant toute l'année; cependant les fièvres qu'elles occasionnent sont un tribut qu'on ne paie ordinairement qu'une fois, et, presque toujours, elles cèdent sans peine à quelques vomitifs.

Lorsque je revins à Villa-da-Victoria, la saison des pluies avoit déjà commencé, et rendoit le voyage par terre beaucoup plus difficile. Pour retourner à Rio-de-Janeiro, il eût fallu passer par les mêmes chemins, et je me décidai à m'embarquer. Je profitai de quelques jours qui s'écoulèrent avant mon départ pour recueillir de nouveaux renseignemens sur la province du Saint-Esprit qui offre plusieurs ports (2), d'excellens bois de construction et de menuiserie, et qui seroit florissante, si elle eût été gouvernée par des hommes plus habiles, et qu'on eût établi

---

la navigation du Rio-Doce; mais il est à craindre qu'elle ait aussi peu de succès que celles du même genre qui jusqu'ici ont été formées au Brésil.

(1) Des mots indiens *ju* et *parana*, lac des épines. Les noms empruntés des Indiens sont significatifs.

(2) Cette partie du Brésil se trouve décrite avec exactitude dans les voyages de M. le prince Maximilien de Neuwied.

quelques communications entre elle et la province des Mines (1).

Arrivé à Rio-de-Janeiro, après quatre jours de navigation, je fis, au Muséum de Paris, un nouvel envoi d'objets d'histoire naturelle; j'emballai avec la plus grande précaution ceux que je conservois au Brésil, et les laissai à M. le chargé des affaires de France (2), qui voulut bien les garder durant toute mon absence.

Pendant mes deux premiers voyages, j'avois eu soin de prendre, autant que me le permettoient mes foibles connoissances, des notes sur la statistique des pays que j'avois visités, sur l'état du commerce, celui de l'agriculture, les mœurs et les usages des habitans; et j'ai continué à travailler sur le même plan jusqu'au moment de mon départ pour l'Europe.

Je ne m'étois point contenté de recueillir des plantes; j'avois analysé sur le frais celles que j'avois récoltées, et m'étois attaché principalement aux espèces dont les habitans font quelque usage.

Dans une contrée où les médecins sont encore peu nombreux, chaque cultivateur cherche des remèdes dans les végétaux qui croissent autour de sa demeure, et si, parmi les plantes employées par les Brasiliens pour le soulagement de leurs maux, il en est qui n'ont que des vertus imaginaires, il s'en trouve d'autres aussi auxquelles on ne peut refuser des propriétés efficaces. Le gouvernement portugais avoit eu l'idée de réunir toutes les espèces de végétaux dont les Brasiliens font usage, de les livrer à l'examen de quelques hommes instruits, et de faire faire la concordance de leurs noms

(1) Pendant le séjour du roi au Brésil, on a commencé un chemin qui doit aller des environs de Villa-da-Victoria jusqu'aux Mines; mais il est à croire que bien des années se passeront avant qu'il soit achevé.

(2) M. Maller, pendant mon séjour au Brésil, m'a rendu tous les services qui ont dépendu de lui, et a sollicité avec empressement, du gouvernement portugais, les facilités qui m'étoient nécessaires.

vulgaires : ce projet fut oublié presque aussitôt que conçu. S'il eût été possible de le réaliser dans toute son étendue, ce ne pouvoit sans doute être la tâche d'un homme seul, livré à beaucoup d'autres occupations, et forcé d'entrer dans les moindres détails d'un voyage pénible. Cependant, durant tout le cours de mes excursions, je ne négligeai rien pour me mettre en état de tracer les premiers traits d'une *histoire des plantes usuelles des Brasiliens*, et leur donner ainsi une marque légère de ma reconnoissance (1)

Je partis de Rio-de-Janeiro pour la troisième fois, et commençai ce nouveau voyage le 26 janvier 1819.

Voulant éviter de rentrer dans la province des Mines par le chemin que j'avois déjà suivi, je me dirigeai directement vers S.-Joaô-del-Rey, et visitai sur la route la Serra-Negra, l'un des points du Brésil méridional où l'on trouve le plus grand nombre de plantes.

Lorsque, suivant la route de Villa-Rica, on passe des forêts dans les Campos, on peut, comme je l'ai déjà dit, pressentir, quelque temps auparavant, cette différence de végétation. Mais ici le changement s'opère sans aucune nuance intermédiaire : je sortois d'un chemin étroit, où souvent j'aurois pu toucher avec la main les arbres majestueux qui m'entouroient de tous côtés, et je ne pus me défendre d'une impression vive de surprise et d'admiration, lorsque tout-à-coup je découvris une immense étendue de mornes arrondis, couverts seulement d'une herbe grisâtre, et entre lesquels étoient dispersés çà et là des bouquets de bois d'un vert foncé (capoês).

La perte d'un serviteur, aussi utile que fidèle, me retint un mois à S.-Joaô-del-Rey. Isolé au milieu des hommes qui m'entouroient,

(1) J'ai déjà commencé à publier ce travail et je ferai ce qui dépendra de moi pour le continuer.

et dans lesquels il m'étoit impossible de placer ma confiance, je fus sur le point de revenir sur mes pas. Cependant je fis des efforts pour ranimer mon courage, et je me dirigeai vers la province de Goyaz, en traversant la partie occidentale de celle des Mines que je ne connoissois pas encore.

Les environs de S.-Joaô, et en général toute la Comarca du Rio-das-Mortes, fournissoient autrefois beaucoup d'or; mais on y a presque entièrement abandonné l'exploitation des mines pour se livrer à l'agriculture, et peut-être y entend-on mieux que dans toutes les autres parties du Brésil l'éducation des bestiaux, singulièrement favorisée dans ce pays par la bonté des pâturages.

Faisant un détour, je me rendis par des chemins peu fréquentés à la Serra-da-Canastra (1), et j'admirai la cascade magnifique, et trop peu connue, appelée Cachoeira-da-Casca-d'Anta, à laquelle le majestueux Rio-de-S.-Francisco doit son origine.

Araxa (2), le premier village que je trouvai après avoir quitté la Serra-da-Canastra, est remarquable par les eaux minérales sulfureuses que l'on trouve dans ses alentours. Ce n'est point à la guérison de leurs maladies que les habitans les emploient, mais elles remplacent, pour leurs bestiaux, le sel qui dans ce pays ne s'achète qu'à des prix très-élevés. Chaque mois, les cultivateurs amènent de dix lieues à la ronde leurs troupeaux à Araxa; ils les font entrer, le jour déterminé par le juge, dans l'enclos où les eaux ont leurs sources, ils les y laissent une nuit, et les en font sortir le lendemain. Tous les animaux ont un goût singulier pour ces eaux désagréables; on a tué dans leur voisinage tant de cerfs, de cochons sauvages et d'autres quadrupèdes, qu'il n'en paroît presque plus; mais j'y ai vu encore des nuées d'oiseaux, surtout de perroquets et de colombes.

---

(1) *Montagne de la malle*, nom qu'elle doit à sa forme.

(2) On raconte dans le pays des fables sur l'étymologie de ce nom : peut-être vient-il des mots indiens *ara echa*, chose tournée vers le soleil.

Déjà, à une douzaine de lieues vers l'ouest de S.-Joaô, j'avois commencé à apercevoir quelques portions de campos parsemées d'arbres tortueux et rabougris (*tabuleiros cobertos*), comme ceux que j'avois vus en 1817 dans mon voyage au N. O. de la province des Mines. Jusqu'à Paracatu (1), je retrouvai une alternative assez singulière de campos ainsi parsemés de petits arbres et d'autres campos entièrement découverts.

J'avois espéré que je ferois une riche moisson de plantes, en parcourant un plateau qui, à l'une de ses extrémités, donne naissance au Rio-dos-Tucantins, à l'autre, au Rio-de-S.-Francisco, et qui divise les eaux de ce fleuve et celles du Parana; mais je fus désagréablement trompé dans mon attente. La plupart des plantes que je voyois autour de moi étoient celles que j'avois déjà observées, il y avoit environ deux ans, près du Rio-de-S.-Francisco; et dans les arbres rabougris que j'apercevois sur les *tabuleiros cobertos*, je retrouvois à peu près toujours les mêmes *Légumineuses*, les mêmes *Malpighia*, des *Bignonées* à fleurs jaunes, les mêmes *Salicariées*, les mêmes *Apocinées*, des *Vochisiées*, entre autres le *Salvertia convallariæodora* (2),

---

(1) Des deux mots indiens *pira* et *catu*, bon poisson.

(2) Le mémoire où j'ai fait connoître cette plante et la famille des *Vochisiées* a été publié dans les Mémoires du Muséum, p. 253, vol. VI. Comme c'est en mon absence qu'il a été imprimé, il s'y est glissé une contradiction que je dois m'empresser de faire disparoître. Il y est dit, en deux endroits différens, que l'étamine du *Salvertia convallariæodora* est alterne avec un des pétales, et, dans la description détaillée de cette espèce remarquable, que son étamine est opposée. C'est ce dernier caractère qui est véritable : l'étamine fertile est opposée à un pétale, et les rudimens à deux autres pétales, comme dans le *Vochisia*. Ainsi, des trois genres qui composent la famille des *Vochisiées*, le *Qualea* a seul son étamine placée un peu sur le côté de son pétale. Au reste, le *S. convallariæodora* mérite si bien son nom, qu'ayant fait revenir dans un verre d'eau une fleur desséchée depuis six ans, et qui avoit été passée plusieurs fois à la vapeur du soufre, elle communiqua encore à l'eau une odeur très-forte de muguet.

et enfin cette espèce connue sous le nom de *Quina-do-campo* ou de *Mendanha*, dont l'écorce remplace avec un si grand succès le quina du Pérou, et que j'ai reconnu avec étonnement pour un *Strychnos* (1). D'ailleurs il étoit tombé fort peu de pluie pendant l'été; dès la fin d'avril, j'avois déjà eu à me plaindre de la sécheresse, et la récolte de plantes que je fis dans ce voyage, de Rio-de-Janeiro à Goyaz, et de Goyaz à S.-Paul, fut malheureusement peu abondante.

Paracatu placé, comme un Oasis, au milieu du désert, doit son existence aux mines situées dans son voisinage, et sa fondation encore récente à l'un de ces Paulistes entreprenans qui ont découvert une si grande partie du Brésil (2). Cette ville eut un moment de splendeur; alors on rassembloit sans peine une grande quantité d'or dans le Corrego-rico (3) et les ruisseaux voisins; mais on le prodiguoit à mesure qu'on le tiroit de la terre; on faisoit venir à grands frais les vins et les autres marchandises de l'Europe, à travers le désert; on eut des musiciens, et même un petit théâtre; l'on dépensoit des sommes énormes pour les fêtes d'église; et les nègres même, dans leurs réjouissances, répandoient de la poudre d'or sur la chevelure de leurs meilleures danseuses. Cependant les mines sont devenues peu à peu plus difficiles à exploiter; l'attachement et la reconnoissance avoient fait affranchir un grand nombre d'esclaves; les autres sont morts, et n'ont pu être remplacés; à peine compte-t-on aujourd'hui, à Paracatu, deux ou trois personnes qui s'occupent en grand de l'extraction de l'or, et la population de cette ville, singulièrement réduite, se compose actuellement en très-grande partie de nègres libres, dont la vie s'écoule languissamment dans l'oisiveté et l'indigence (4).

(1) Aug. de S.-Hil. *Pl. us. Bras.* n°. 1.

(2) Jose Rodrigues Froe, dont la famille existe encore dans les Mines et à Saint-Paul.

(3) Le ruisseau riche.

(4) Tout ceci prouve que l'on a induit en erreur les écrivains qui ont avancé

Au Brésil, comme en Europe, certaines plantes semblent s'attacher aux pas de l'homme; elles le suivent dans les lieux les plus écartés, et conservant des traces de sa présence, elles ont souvent servi à me faire retrouver, au milieu des déserts qui s'étendent au-delà de Paracatù, la place d'une chaumière détruite. Ce qu'il y a de fort remarquable, c'est que ces plantes sont pour la plupart étrangères au pays même, et qu'elles s'y sont introduites et multipliées avec notre espèce. Je peux citer, pour exemple, l'*Argemone Mexicana*, le *Phlomis nepetifolia*, la *Cucurbitacée* appelée vulgairement *Erva de S. caetano*, etc.

Jusqu'à Paracatù, j'avois à peu près trouvé les mêmes espèces d'oiseaux que j'avois déjà vus dans mon premier voyage des Mines. Plus loin je commençai à en rencontrer de nouvelles.

Continuant à traverser des pâturages, tantôt découverts et tantôt parsemés d'arbres rabougris, j'arrivai à Os-Arependidos, lieu qui sépare la province des Mines de celle de Goyaz. On étoit alors à la fin de mai, et, ce qui prouve combien ces contrées lointaines entretiennent peu de communications, c'est que, jetant un coup d'œil sur les registres du commandant du poste, je vis que, depuis le 19 février, j'étois le premier voyageur qui eusse passé par cette route.

Les fleurs devenoient chaque jour plus rares, et, si j'en trouvois encore, c'étoit presque uniquement dans les *Quemadas*, nom que l'on donne aux campos où le feu a été mis récemment. Pour procurer aux bestiaux une nourriture plus fraîche et plus tendre, les habitans des pays découverts de l'intérieur du Brésil ont coutume de brûler une partie de leurs pâturages pendant le temps de la sécheresse; et, quand l'herbe qui repousse a atteint la longueur du doigt, on

---

que les Brasiliens ne rendoient jamais la liberté à leurs esclaves. Les affranchissemens sont au contraire très-fréquens dans cette partie de l'Amérique, et l'on y trouve quelques villages presque uniquement peuplés de nègres et de mulâtres affranchis ou fils d'affranchis.

voit constamment plusieurs plantes fleuries parmi les feuilles naissantes des *Graminées*. Ces plantes ont toujours des tiges petites, souvent velues; des feuilles sessiles et mal développées, et d'assez grandes corolles. On pourroit croire que ce sont des espèces distinctes qui appartiennent en particulier aux *quemadas*, comme d'autres croissent exclusivement dans les forêts vierges ou sur le sommet des hautes montagnes; mais une comparaison attentive prouve que ces prétendues espèces ne sont autre chose que des individus avortés d'espèces naturellement plus grandes, et qui, abandonnées à elles-mêmes, fleurissent ordinairement dans une autre saison. A l'époque où l'on met le feu aux pâturages, la végétation de la plupart des plantes qui les composent est en quelque sorte suspendue, et elles n'ont que des tiges languissantes ou desséchées; cependant il doit arriver nécessairement, pendant cet intervalle de repos, la même chose que dans nos climats : les racines doivent se fortifier et se remplir de sucs destinés à alimenter des tiges et des pousses nouvelles, comme on en voit un exemple frappant dans le *colchique* et dans les *orchidées*. Le brûlement des tiges anciennes détermine la naissance d'autres tiges; mais, comme celles-ci paraissent avant le temps, et que les réservoirs destinés à les nourrir ne sont pas encore remplis, elles restent naines, et une floraison prématurée, amenée par le prompt épuisement des sucs, vient bientôt mettre un terme à leur existence.

Après avoir traversé plusieurs villages beaucoup plus jolis que tous ceux de l'intérieur de nos provinces, mais qui chaque jour deviennent plus déserts, j'arrivai à une forêt fort différente de celle de la côte, et qui, n'ayant que neuf lieues de longueur, porte cependant le nom de Mato-Grosso (1), parce qu'on n'en connoît pas dans le pays de plus considérable.

La seule présence de l'or a presque toujours déterminé le choix

(1) Grand bois.

des lieux où ont été fondées les villes de l'intérieur du Brésil, et leur situation s'est trouvée la plus désavantageuse possible sous tous les autres rapports. Villa-Rica, Villa-do-Principe, Villa-Boa, chef-lieu de la province de Goyaz, en fournissent des exemples frappans; et cependant juger toute cette dernière province par sa capitale, ce seroit encore en prendre une idée trop favorable. Lorsque l'or abondoit dans cette contrée, on établit à Villa-Boa un capitaine-général et un ouvidor; on y plaça de nombreux employés, et l'on y éleva un hôtel pour la fonte de l'or. Mais les mines se sont épuisées, ou ne pourroient plus être exploitées aujourd'hui qu'avec un grand nombre de bras; et l'éloignement de la côte ne permet guère aux habitans de trouver, comme les Mineurs, une autre source de richesse dans la culture des terres. Ne pouvant payer l'impôt, ils abandonnent leurs habitations, se retirent dans les déserts, et ils y perdent jusqu'aux élémens de la civilisation; les idées religieuses, l'habitude de contracter des liens légitimes, la connoissance de la monnoie, et l'usage du sel : un pays plus grand que la France s'épuise en faveur de quelques employés indolens, et les environs même de Villa-Boa (1) n'offrent plus que des ruines sans souvenir.

En quittant cette ville j'allai faire une excursion dans la Serra-Dorada, et j'y trouvai une *Mélastomée*, qu'on appelle dans le pays *Arvore do papel*, parce que son liber se détache en feuillets minces qui ont effectivement la couleur et la consistance du papier de la Chine.

De la Serra-Dorada, je me rendis à S.-Joze, où l'un des gouverneurs de Goyaz a fondé pour les Indiens Coyapos un village magnifique, mais qui leur a été à peu près inutile, parce qu'on n'avoit pas songé à consulter auparavant leurs goûts et leurs habitudes. Les hommes qui civilisèrent les Indiens de la côte se servoient d'eux

---

(1) On lui a donné récemment le nom de *Cidade de Goyaz;* mais l'ancien nom prévaut toujours dans le pays.

pour construire les villages que ces mêmes Indiens devoient habiter, et ils surent les rendre heureux à peu de frais. Depuis cette époque, le gouvernement portugais a dépensé pour les indigènes des sommes considérables, mais ceux qui en dirigeoient l'emploi ne prenoient aux Indiens aucun intérêt réel, et la destruction de ces infortunés fait chaque jour des progrès plus rapides (1).

Le Rio-Claro, qui fut le terme de ce voyage, me donna une idée de ce que dût être l'intérieur du Brésil lorsque l'on commença à y découvrir des mines d'or. Dans le temps de la sécheresse, des hommes de Villa-Boa, Meia-Ponte et souvent de beaucoup plus loin, viennent chercher dans le lit du Rio-Claro de l'or et des diamans ; ils apportent avec eux quelques provisions indispensables; ils construisent des baraques sur les bords de la rivière, et, quand les vivres leur manquent, ils y suppléent par leur chasse.

J'avois formé le projet de me rendre par l'intérieur du Brésil au Paraguay proprement dit, et de là à Montevideo; mais le ministère portugais, envers lequel je ne saurois d'ailleurs être trop reconnoissant, ayant cru devoir interdire à tout étranger l'entrée de la province de Mato-Grosso, je fus obligé de revenir sur mes pas. Je repassai par Villa-Boa et Meia-Ponte, et pris le chemin de Saint-Paul.

Arrivé à Bom-Fim, je me détournai de ma route pour aller visiter des sources d'eaux thermales situées à vingt-deux lieues de ce village. A l'endroit où je passai le Riberaô-d'Agoaquente, ruisseau dû à quelques unes de ces sources, il a déjà trente-quatre pas de largeur avec deux palmes et demi de profondeur, et cependant ses eaux font monter à 28 degrés le thermomètre de Réaumur.

---

(1) Je ne saurois m'empêcher de citer deux hommes dont le zèle bienfaisant n'a point été sans utilité pour les Indiens, l'abbé Chagas, chargé de la civilisation de ceux de Garapuava, et un Français, M. le major Marlier, fondateur de Manoelburgo, où il a réuni plusieurs milliers de Puris.

Rentré dans la province des Mines, je passai par le Rio-das-Pedras, Estiva et Boa-Vista, trois villages habités par des Indiens dont le sang est mélangé à celui de la race africaine. Ces Indiens sont les plus heureux que j'aie vus pendant tout mon séjour en Amérique, et leur bonheur tient, il faut l'avouer, à ce qu'ils vivent isolés, oubliés pour ainsi dire, et à ce qu'aucun homme de notre race n'est venu se mêler parmi eux. Leurs terres sont excellentes, et un léger travail suffit pour assurer leur subsistance. Ils ont peu de besoins, et encore moins de tentations; ils vivent dans une paix profonde, et sont unis entre eux; ils connoissent les avantages les plus réels de la civilisation, et en ignorent les maux; ils sont étrangers au luxe, à la cupidité, à l'ambition, et à cette prévoyance qui empoisonne le présent pour un avenir incertain.

Je visitai la belle cascade d'as Fornas, et passai par le village de Santa-Anna, habité par des Indiens Chicriabas, dont la langue, si j'en juge par le peu de mots que j'ai pu recueillir, doit être éminemment systématique, puisque ceux de ces mots qui représentent des idées de même nature commencent ou finissent par une même syllabe.

Jusqu'au mois d'octobre, époque à laquelle j'entrai dans la province de Saint-Paul, la sécheresse avoit été excessive; je passai souvent des jours entiers sans apercevoir plus de deux ou trois fleurs appartenant à des espèces communes; les coléoptères avoient disparu, les oiseaux devenoient rares; j'étois dévoré par des nuées d'insectes malfaisans, forcé quelquefois de séjourner sur les bords de quelque rivière malsaine, telle que le Rio-Grande, et, à la fin d'une journée fatigante, je n'avois pas même la consolation de m'entretenir avec un hôte hospitalier; car ceux qui habitent les bords de cette route sont pour la plupart des hommes grossiers, souvent des criminels qui ont fui leur pays pour échapper à la justice, et le passage des caravanes qui se rendent chaque année de S.-Paul à Mato-Grosso les met en défiance contre les voyageurs.

Au mois d'octobre les pluies recommencèrent à tomber, les pâturages à reverdir et à se couvrir de fleurs ; mais ici la végétation n'est déjà plus aussi variée que dans la province des Mines.

Vers la ville de Mugy, le pays devient beaucoup moins désert, et aux *campos* succèdent des forêts où les terres sont extrêmement favorables à la culture de la canne à sucre.

J'arrivai enfin à Saint-Paul, cité bien connue par la beauté et les avantages de sa situation, par la douceur de son climat et la salubrité de l'air qu'on y respire.

Peut-être trouve-t-on chez les habitans de la ville de Saint-Paul plus de politesse que chez ceux de Villa-Rica ; mais, si nous faisons abstraction des deux capitales, l'avantage de la comparaison sera entièrement du côté des Mineurs. Pour en développer toutes les causes, il faudroit sortir des bornes de cette introduction : je me contenterai d'en indiquer une. Si les Mineurs se sont mélangés, ce n'est guère qu'avec les hommes de la race africaine ; les Paulistes au contraire se sont croisés avec les Indiens, et, sous le rapport du développement des facultés intellectuelles, ce mélange me paroît le plus défavorable à notre espèce.

Je laissai entre les mains du gouverneur de la province de Saint-Paul (1) les collections que j'avois formées depuis Rio-de-Janeiro, et je continuai mon voyage.

Sachant qu'il y a plus d'uniformité dans la végétation des côtes que dans celle de l'intérieur, je préférai me rendre à l'extrémité de la province de Saint-Paul, en passant à l'ouest de la grande cordillière parallèle à l'Océan.

Je traversai la jolie ville d'Hytu (2), et je vis dans ses environs

---

(1) M. Jean-Charles-Auguste d'Oyenhausten, qui m'a comblé de marques de bienveillance et d'amitié.

(2) Ce mot vient d'*itu*, qui dans la langue indienne signifie cascade.

une très-belle cascade; je visitai Porto-Feliz, d'où partent les caravanes qui se rendent à Mato-Grosso par les rivières, et j'arrivai à la ville de Sorocaba (1), près de laquelle sont des forges qui, lorsqu'elles seront dirigées par une administration intelligente et économe, pourront rivaliser avec ce que l'Europe présente de meilleur en ce genre.

Des pluies extrêmement abondantes commencèrent à tomber lorsque j'étois à Sorocaba : elles continuèrent durant trois mois jusqu'à mon arrivée à Curitiba (2), et, pendant ce voyage, j'eus une peine extrême à conserver les objets d'histoire naturelle que je recueillois chaque jour.

De Sorocaba à la rivière du Tarerè (3), remarquable par diverses singularités, le pays est ondulé, et n'offre que des pâturages mêlés de bouquets de bois. On s'y occupe surtout de l'éducation des bestiaux; mais les principaux propriétaires habitent Saint-Paul, et la plupart de ceux qui restent dans le pays vivent dans une indigence dont j'ai eu peu d'exemples dans les autres parties du Brésil.

A un quart de lieue du Tarerè, je trouvai une rivière peu profonde (Rio-do-Funil, rivière de l'entonnoir), qui, après avoir coulé sur un lit de rochers aplatis, s'engouffre en tournoyant avec impétuosité, et disparoît entièrement. Conduit par mon guide, je descendis dans un ravin profond, et là j'arrivai à l'entrée d'une grotte fort grande et à peu près triangulaire. Au fond de cette grotte est une ouverture qui donne sur une petite salle arrondie, et du haut de cette dernière, je vis se précipiter avec rapidité une co-

---

(1) Pour *sorocaa*, ind., bois brisé.

(2) C'est à tort que l'on a écrit *corritiva*. Le nom de cette ville, dû aux *araucaria* qui croissent dans son voisinage, vient des deux mots indiens *curii* et *tiba*, réunion de pins.

(3) Pour *itarere*, ind., pierre qui tourne avec vitesse.

lonne d'eau écumeuse et blanchâtre, qui n'est autre chose que la rivière elle-même dont les eaux s'échappent dans le ravin. Une lumière affoiblie pénètre par l'entonnoir où la rivière s'engouffre, éclaire la colonne d'eau ainsi que la salle où elle tombe, et produit un effet charmant qu'il seroit impossible de rendre.

C'est de l'autre côté du Tarerè que commencent les *campos*, que l'on appelle *geraes*, à cause de leur vaste étendue. Ce pays est certainement un des plus beaux que j'eusse vus depuis que j'étois au Brésil. Il n'est pas assez plat pour avoir la monotonie de nos plaines de Beauce, mais les mouvemens de terrain n'y sont pas non plus assez sensibles pour mettre des bornes à la vue. Aussi loin qu'elle peut s'étendre, on découvre une immense étendue de pâturages; des bouquets de bois où domine l'utile et majestueux *araucaria*, sont épars çà et là dans les enfoncemens, et contrastent par leur teinte rembrunie avec le vert charmant des gazons : quelquefois des rochers à fleur de terre se montrent sur le penchant des collines, et laissent échapper des nappes d'eau qui se précipitent dans les vallées; de nombreux troupeaux de jumens et de bêtes à corne paissent dans la campagne et animent le paysage; on aperçoit peu de maisons, mais elles sont assez bien entretenues, couvertes en tuiles, et accompagnées d'un petit jardin planté d'arbres fruitiers.

Le froment se cultive avec succès dans les Campos geraes; le laitage y est aussi crêmeux que dans nos montagnes; et les coignassiers, la vigne, les pommiers, les pêchers, y donnent des fruits en abondance.

Respirant un air pur, sans cesse occupés à monter à cheval, à jeter le lacet, ou à rassembler les bestiaux, en galoppant dans les pâturages, les habitans des Campos geraes jouissent d'une santé robuste; ils ont les cheveux châtains et le teint coloré, et sont en général grands et bien faits. Je ne retrouvai pas chez eux la même intelligence que chez les Mineurs; mais ils ne sont ni moins généreux ni moins hospitaliers.

Les plantes des Campos geraes ont quelques rapports avec celles de la province de Rio-Grande; mais elles en conservent davantage encore avec la végétation des parties plus septentrionales du Brésil.

Entre Saint-Paul et Curitiba, je vis s'arrêter successivement la culture des diverses productions coloniales, dont les limites sont ici le résultat combiné de la nature de chaque plante, de l'élévation du sol, et de l'éloignement de l'équateur.

Sorocaba, située à dix-huit lieues de Saint-Paul, forme la ligne des caffeiers; Itapitininga (1), qu'on rencontre à douze lieues plus loin vers le sud, fait la limite de la canne à sucre; à quinze lieues de là, près d'Itapeva (2), on ne trouve plus de bananiers; enfin, quarante lieues plus loin, près de la Serra-das-Fornas, s'arrêtent les cotonniers, ainsi que les ananas.

La partie de la province de Saint-Paul que j'avois parcourue entre cette ville et Curitiba, est une langue de terre étroite, bordée vers l'ouest par des déserts qu'habitent des Indiens sauvages, et à l'est par la grande cordillière parallèle à l'Océan. Cette langue de terre, longue d'environ cent trente lieues, n'a aucune communication avec la côte, dont elle n'est cependant éloignée que de vingt lieues (3). Faute de moyens d'exportations, les habitans des Campos geraes tirent peu de parti de leurs terrains fertiles, et ils se livrent presque tous au commerce aventureux des mulets, qu'ils vont chercher, en bravant mille dangers, dans la province de Rio-Grande.

Les Curitibanois se vantent de posséder le *quina* du Pérou, et dans les cas où l'on conseille parmi nous l'usage de cette plante,

---

(1) Pour *itapetiny*, ind., pierre qui résonne.

(2) C'est-à-dire *chemin pierreux*.

(3) Il existe un point de communication par Apyahy; mais cette route présente trop peu de facilités pour être fréquentée.

ils emploient effectivement avec succès une écorce remarquable par son excessive amertume. Il étoit évident qu'un véritable *Cinchona* ne pouvoit croître aussi loin des tropiques : j'examinai le *quina* de Curitiba, et le reconnus pour un *Solanum*.

Une plante non moins intéressante croît en abondance dans les bois voisins de Curitiba ; c'est l'arbre connu sous le nom d'*arvore do mate* ou *da congonha*, qui fournit la fameuse *herbe du Paraguay*. Comme les circonstances politiques rendoient alors presque impossibles les communications du Paraguay proprement dit avec Buenos-Ayres et Montevideo, on venoit de ces villes chercher le *mate* à Parannagua (1), port voisin de Curitiba. Les Espagnols-Américains, trouvant une grande différence entre l'herbe préparée au Paraguay et celle du Brésil, prétendoient que celle-ci étoit fournie par un autre végétal. Des échantillons que j'avois reçus du Paraguay me mirent en état de signaler aux autorités brasiliennes l'arbre de Curitiba comme parfaitement semblable à celui du Paraguay; et leur identité m'a encore été plus évidemment démontrée, lorsque j'ai vu moi-même les quinconces d'arbres de *mate* plantés par les jésuites dans leurs anciennes missions. Si donc le *mate* du Paraguay est supérieur pour la qualité à celui du Brésil, cela tient uniquement à la différence des procédés que l'on emploie dans la préparation de la plante. Jusqu'ici, les auteurs ont été peu d'accord sur le genre auquel il faut la rapporter; l'ayant trouvée avec des fruits, j'ai pu l'analyser, et dans un mémoire qui fera partie de l'ouvrage que je publie aujourd'hui, je démontrerai que cette même plante appartient au genre *Ilex* (2).

---

(1) Grande étendue d'eau arrondie *ou* anse.

(2) Ilex Mate N. *glaberrima : foliis cuneato-lanceolatove-ovatis, oblongis. obtusiusculis, remote serratis; pedunculis axillaribus, multipartitis; stigmate 4-lobo; putaminibus venosis.*

Dans mon mémoire sur l'*herbe du Paraguay*, on trouvera la description et la

Au-delà de Curitiba, le Brésil est en quelque sorte interrompu, puisque, du côté de la mer, on trouve ces montagnes presque inaccessibles appelées Serra-de-Parannagua, et que d'un autre côté on ne peut pénétrer dans la province de Rio-Grande qu'en traversant un affreux désert de plus de soixante lieues, qui sert de retraite à

---

figure d'une plante que les habitans de quelques parties du district de Minas-Novas prennent pour une espèce de *Congonha*, et qui doit trouver sa place non loin du *Sauvagesia* dans le groupe des *Frankeniées*. Cette plante appartient à un genre que je dédie à M. le duc de Luxembourg, sous les auspices duquel j'ai commencé mes voyages. Je caractérise ce genre de la manière suivante :

Luxemburgia. *Calyx inæqualis, deciduus. Petala 5, hypogyna, subinæqualia, decidua. Antheræ gynophoro brevissimo cum pistillo insertæ, subsessiles, definitæ sæpiùsve indefinitæ, lineares, 4-gonæ, 2-loculares, posticæ, apice poris 2 dehiscentes, in massulam concavam secundam adglutinatæ, deciduæ : filamentorum rudimenta persistentia. Pistillum declinatum. Stylus pyramidato-subulatus. Stigma simplex vel rariùs 3-partitus. Ovarium sessile vel pedicellatum, oblongum, 3-angulare, 1-loculare vel subuniloculare, polyspermum. Capsula 1-locularis, polysperma, 3-valvis; valvularum marginibus plùs minùsve introflexis, seminiferis. Semina numerosa, oblonga, membranâ cincta apice latiore. Integumentum duplex, utrumque membranaceum : umbilicus ad extremitatem seminis angustiorem. Perispermum carnosum, parcum. Embryo axilis, rectus, oblongus : radicula umbilicum ferè attingens. — Frutices elegantes, ramosi, glaberrimi. Folia alterna, dentata, mucronata, oblonga; nervis lateralibus parallelis, numerosis. Stipulæ laterales, geminæ, caducæ vel persistentes. Flores terminales pulchrè racemosi vel corymbosi, lutei : pedunculi paulò supra basin articulati, ad articulationem 2-bracteati. Præfloratio subquinconcialis : petalum exterius* 1, *semi-exteriora* 1-2, *dorso nudum* 1, *interiora* 1-2. — Species : 1°. Luxemburgia speciosa; *foliis subsessilibus, oblongis, obtusis, basi attenuatis; floribus racemosis, magnis; staminibus numerosis.* 2°. Luxemburgia corymbosa; *foliis breviter-petiolatis, oblongis, angustis, acutiusculis, basi attenuato-cuneatis; floribus paucis, corymbosis, magnis; staminibus numerosis.* 3°. Luxemburgia polyandra; Aug. St.-Hil. Mem. Mus. IX, p. 351. — Dec. Prod. 1, p. 350 (Vulg. Congonha do campo.) *Foliis petiolatis, oblongo-ellipticis, basi subcuneatis; floribus racemosis mediocribus; staminibus numerosis.* 4°. L. octandra; Aug. de St.-Hil. l. c. — Dec. Prod. l. c. *Foliis subsessilibus,*

des Indiens sauvages (1). Il entroit sans doute dans l'ancien système colonial d'isoler les provinces, afin qu'il fût plus facile de les tenir dans l'oppression.

Après avoir hésité long-temps sur le parti que je devois prendre, je me décidai à descendre la Serra-de-Parannagua, et je ne tardai pas à reconnoître que l'on ne m'en avoit point exagéré les difficultés.

J'arrivai sur le rivage, après avoir fait quelques lieues vers l'est, et j'y retrouvai des plantes que je ne rencontrois plus depuis long-temps à l'ouest de la grande cordillière : je revis des cotonniers, des bananiers, la canne à sucre, les cafféiers, les cecropia, et une foule d'espèces qui appartiennent à la Flore de Rio-de-Janeiro.

Les habitans de Parannagua achètent chèrement les avantages de posséder ces productions utiles, car leur pays, tout à la fois chaud et marécageux, est d'une extrême insalubrité. Les enfans et les gens du peuple y ont généralement le teint jaune et l'air languissant, et ceux même qui se nourrissent avec le plus de soin, sont loin d'avoir cette santé robuste dont jouissent les bons cultivateurs des Campos-Geraes.

Le petit port de Guaratuba (2), où je me rendis après avoir

---

oblongo-linearibus, angustis, basi attenuato-subcuneatis; floribus racemosis, parvis; foliolis calycinis ciliatis; staminibus definitis (7-12).

* *N. B.* Dans quelques exemplaires des Mémoires du Muséum (vol. IX) où j'ai fait connoître le *Mate*, le nom d'*Ilex Paraguariensis* a été substitué par inadvertance à celui d'*Ilex Mate* qui doit rester à la plante.

(1) C'est à tort qu'on a prétendu que ces Indiens étoient anthropophages : les Portugais eux-mêmes ne les ont jamais accusés de l'être. On ne peut en général s'empêcher de voir avec peine que des écrivains estimables appliquent encore aux Indiens d'aujourd'hui ces traits de barbarie, probablement fort exagérés, qui se trouvent dans les premiers historiens du Brésil.

(2) Des mots indiens *tuba*, réunion, et *guara*, oiseau de mer.

quitté Parannagua, doit son nom à l'immense quantité d'*ibis rubra* que l'on voit dans son voisinage. Depuis Santos, ce bel oiseau se trouve sur quelques points de la côte; mais on s'accorde à dire qu'il ne fait son nid que dans l'île des Guaras, située dans la baie de Guaratuba.

A Parannagua, Guaratuba, et plus au midi dans la province de Sainte-Catherine, on trouve une foule d'hommes et de femmes qui ont le goût bizarre de manger de la terre. Ils donnent la préférence à celle qui est tirée des habitations de thermès, et font aussi un très-grand cas des morceaux de pots cassés; les jeunes personnes surtout sont friandes de certains vases légèrement parfumés, qui viennent de Bahia, et elles les brisent pour s'en régaler ensuite. Ce goût devient une telle passion, qu'on a vu des esclaves, que l'on avoit muselés, se traîner dans la poussière pour pouvoir en aspirer quelques particules. Cependant les infortunés qui sont attaqués de cette maladie singulière maigrissent peu à peu, languissent, se dessèchent, et finissent par mourir.

A peu de distance de Guaratuba, je passai la petite rivière appelée Sahy-Mirim (1), et j'entrai dans la province de Sainte-Catherine. Suivant toujours le rivage, j'arrivai à la hauteur de l'île de Saint-François (2), et je m'y arrêtai pendant une dixaine de jours. Les habitans de cette île vivent généralement dans une extrême indigence; accoutumés à se nourrir de farine de manhioc et de poisson cuits dans de l'eau, ils ne cherchent point à se procurer, par le travail, des alimens plus substantiels, et la débilité de leur complexion augmente encore leur indolence. De quelque

(1) Pour *sai miri*, ind., petits yeux.

(2) Il est inutile, je crois, de relever l'inadvertance d'un moderne qui dit avoir été à Saint-François, et qui prétend que ce n'est point une île. Sa description me fait soupçonner au reste qu'il applique le nom de Saint-François au port de Parannagua.

état que soit un homme, il est en même temps pêcheur; il n'est personne qui ne possède une pirogue, et personne qui ne sache la diriger avec adresse. On voit les femmes s'embarquer sur une mer houleuse dans ces frêles nacelles, et elles ne montrent pas la plus légère frayeur. La mer est l'élément des habitans de Saint-François; à peine l'enfant commence-t-il à parler, qu'il sait déjà de quel côté vient le vent, et quelles sont les heures de la marée; et de même qu'on dit, dans les *Campos-Geraes*, pour exprimer l'abondance d'une chose quelconque, qu'on en chargeroit un mulet, on dit, à Saint-François, qu'on en rempliroit une pirogue.

Lorsque j'étois parmi les Malalis, dans la province des Mines, ils m'avoient beaucoup parlé d'un ver qu'ils regardent comme un manger délicieux, et qu'on appelle *bicho de tacuara* (1), parce qu'il se trouve dans les tiges des bambous, mais seulement lorsqu'elles sont chargées de fleurs. Quelques Portugais, qui ont vécu parmi les Indiens, ne font pas moins de cas de ces vers que les indigènes eux-mêmes; ils les fondent sur le feu, en forment une masse graisseuse, et les conservent ainsi pour s'en servir dans la préparation des alimens. Les Malalis considèrent la tête du *bicho de tacuara* comme un poison dangereux; mais tous s'accordent à dire que cet animal, desséché et réduit en poudre, forme un puissant vulnéraire. S'il faut croire ces Indiens et les Portugais eux-mêmes, ce n'est pas seulement pour cet usage que les premiers conservent le *bicho de tacuara*. Lorsqu'une passion violente leur cause des insomnies, ils avalent, disent-ils, un de ces vers desséché et séparé de sa tête, mais non du tube intestinal; et alors ils tombent dans une espèce de sommeil extatique, qui souvent dure plus d'un jour, et ressemble à celui qu'éprouvent les Orientaux quand ils prennent de l'opium avec excès. Ils racontent, en se réveillant, des songes merveilleux : ils ont vu des forêts brillantes, ils ont mangé des fruits dé-

(1) *Ver du bambou.*

licieux, ils ont tué sans peine le gibier le plus exquis; mais les Malalis ajoutent qu'ils ont soin de ne se livrer que rarement à ce genre de jouissance énervante. Je n'avois vu chez eux que des *bichos de tacuara* desséchés et séparés de leur tête; mais, dans une herborisation que je fis à Saint-François avec mon Botocudo, ce jeune homme trouva un grand nombre de ces vers dans des bambous fleuris, et se mit à les manger en ma présence. Il brisoit l'animal, en ôtoit avec soin la tête et le tube intestinal, et suçoit la substance molle et blanchâtre qui restoit sous la peau. Malgré ma répugnance, je suivis l'exemple du jeune sauvage, et trouvai, à ce mets singulier, une saveur extrêmement agréable qui rappeloit celle de la crême la plus délicate.

Si donc, comme je ne puis guère en douter, le récit des Malalis est fidèle, la propriété narcotique du *bicho de tacuara* résideroit uniquement dans le tube intestinal, puisque la graisse environnante ne produit aucun accident. Quoi qu'il en soit, j'ai soumis à M. Latreille la description que j'ai faite de l'animal dont il s'agit, et ce profond entomologiste l'a reconnu pour une chenille qui probablement appartient au genre *cossus* ou au genre *hépiale*.

De l'île Saint-François je me rendis, en suivant toujours le rivage, jusqu'à l'*armaçaô* d'Itapocoroïa (1), l'un des établissemens de la pêche de la baleine. Il y a déjà un grand nombre d'années que le gouvernement portugais profite de cette pêche et la met en ferme. Toute la pêcherie se compose actuellement de huit établissemens (armacoês) (2), dont deux dans la province de Saint-Paul, et les six autres dans celle de Sainte-Catherine; mais, comme l'a observé un illustre zoologiste, les grands cétacés deviennent de plus en plus rares. Depuis 1777, époque où a été construit l'établissement d'Itapocoroïa, on a

(1) Pour *itapacora*, ind., qui a la forme d'un mur de pierres.

(2) *Armaçaô* est un mot portugais générique; il n'auroit donc point fallu en faire le nom particulier d'un village, ou le changer en *armasas*.

encore pris dans son voisinage jusqu'à trois cents baleines en une seule année, et, en 1819, il n'en a été pêché que cinquante-neuf dans tous les établissemens réunis.

Je m'embarquai à Itapocoroïa, pour me rendre à l'île de Sainte-Catherine. Depuis que j'étois au Brésil, je n'avois pas encore vu un pays aussi riant que la ville Sainte-Catherine et ses environs. En face de cette ville, le canal, qui sépare l'île de la terre ferme, semble former une baie à peu près circulaire. De tous côtés, il est bordé de collines et de petites montagnes très-variées pour la forme, et qui, disposées sur différens plans, offrent un mélange charmant de teintes brillantes et vaporeuses. L'azur du ciel n'est plus aussi foncé ni aussi éclatant qu'à Rio-de-Janeiro, mais il est aussi pur, et se nuance dans le lointain avec la couleur grisâtre des mornes qui bornent l'horison. Les montagnes n'ont pas assez d'élévation, ni le canal assez d'étendue pour donner au paysage un air de majesté; la nature n'étale point cette pompe qu'elle offre quelquefois sous les tropiques, elle est belle et riante comme dans le midi de l'Europe, comme à Lisbonne ou à Madère.

Comme la même température se prolonge sous le même méridien dans une étendue beaucoup plus considérable sur le bord de la mer que loin de ses rivages, la végétation a généralement aussi beaucoup plus d'uniformité sur le littoral que dans l'intérieur des terres : ce qu'on observe à Sainte-Catherine confirme cette vérité. Lorsque j'arrivai à Curitiba, il y avoit déjà extrêmement long-temps que je ne voyois plus les plantes de Rio-de-Janeiro; et les deux tiers des végétaux que je trouvai en fleur dans l'île Sainte-Catherine appartenoient à la Flore de la capitale du Brésil. Une foule d'insectes sont communs aux deux pays, et beaucoup d'oiseaux, surtout les petites espèces, se retrouvent également à Sainte-Catherine et à Rio-de-Janeiro.

Je m'embarquai pour me rendre à Garupava, l'un des établissemens de la pêche de la baleine, situé à treize lieues sud de la ville de Sainte-Catherine. Ce fut le premier point de la côte où je commençai à observer des changemens notables dans la végétation; mais, sous cette latitude, la différence de l'été et de l'hiver est déjà très-sensible : on étoit au mois de mai, et je ne trouvois presque plus de plantes en fleur.

A Laguna, ville bâtie sur la côte, à environ onze lieues sud de Garupava, j'observai une foule d'oiseaux que je n'avois pas encore vus au Brésil, et que je continuai à trouver pour la plupart, en m'avançant toujours vers le midi.

Dans les provinces de Rio-de-Janeiro, Minas-Geraes, Saint-Paul, Goyaz, le pays est trop montueux pour qu'on puisse voyager autrement qu'avec des mulets. Depuis Parannagua jusqu'à Laguna, j'éprouvai des difficultés inconcevables pour le transport de mes collections; mais, au-delà de cette ville, le sol devient tellement égal que l'on peut commencer à se servir de ces immenses charrettes décrites par Azzara.

Pour arriver jusqu'à Torres, un peu plus loin que la rivière d'Ararangua, limite de la province de Sainte-Catherine, on suit une plage déserte et monotone qui n'offre que des sables blanchâtres et arides. Une *Amaranthacée*, un *Sénéçon* à tiges longues et rampantes, et quelques touffes de *Cypéracés* sont les végétaux qui croissent sur ces tristes rivages, où sept à huit espèces d'oiseaux aquatiques jettent seuls un peu de mouvement et de variété. D'innombrables *mouettes à tête cendrée* (1), rangées sur le sable, presque immobiles, la tête tournée vers la mer, attendent l'instant où le flot, baignant leurs pieds, va leur apporter leur nourriture. Les *grandes mouettes*, Azz. (2), mêlées parmi elles, mais beaucoup moins nombreuses, guettent de petits poissons. Le cou tendu et la tête placée sur la même ligne que le dos, les *manoelsinhos* ou *massaricos* (3) courent sur la plage avec

(1) *Larus poliocephalus*, vulg. *Gaivota*.

(2) *Larus vetula* Mus. Par. sp. n., vulg. *Maria velha* ou *Gaïvota grande*.

(3) *Charadrius larvatus*.

une extrême vitesse, et ressemblent de loin à de petits quadrupèdes. Plusieurs espèces d'hirondelles de mer (1) viennent se reposer au milieu des mouettes; mais bientôt elles reprennent leur vol. Enfin le *baïacu* (2), qui va ordinairement par paire, se tient à quelques centaines de pas du rivage.

Les coquilles ne sont pas abondantes au Brésil, et je n'ai trouvé de *fucus* que sur un très-petit nombre de points entre Rio-de-Janeiro et Villa-da-Victoria.

Au-delà de Torres et de la rivière d'Ararangua (3), je m'éloignai peu à peu du rivage pour me rendre à Porto-Allegre, capitale de la province de Rio-Grande du sud.

Cette province, qui s'étend depuis le 27° 51′ S. jusqu'au 33°, est une de celles que la nature a favorisées le plus. Son territoire fertile produit, dans la partie septentrionale, du sucre, du coton, du manhioc; et vers le midi, du froment et tous les fruits de l'Europe (4); l'air le plus pur fait jouir les habitans de ce pays d'une santé robuste; d'excellens pâturages y nourrissent d'innombrables troupeaux; un lac de soixante-quinze lieues et de nombreuses rivières facilitent les communications et fournissent des moyens de transport.

Lorsque le voyageur entre dans la province de Rio-Grande, il est d'abord frappé de la beauté de ses habitans, de la fraîcheur de leur teint, des couleurs dont il est animé, de la vivacité de leurs mouvemens, de cet air d'aisance et de liberté qu'ils montrent dans leurs manières. Le système colonial, tendant à isoler les provinces, a mis des différences beaucoup plus sensibles entre leurs habitans qu'il n'en

---

(1) Les *sterna speculifera* Mus. Par. sp. n., *Cayana* Lath., *hirundinacea* Mus. Par. sp. n. Vulg. *trinta reis*.

(2) *Hæmatopus palliatus* Mus. Par. sp. n.

(3) Pour *ararerunguay*, ind., rivière de sable noir.

(4) Je ne veux pas dire que le froment ne croisse point aussi dans les parties septentrionales de la province de Rio-Grande.

existe en Europe parmi ceux de la plupart des états limitrophes. Ces différences sont bien plus frappantes encore chez le peuple de Rio-Grande, parce qu'il vit sous un autre climat, qu'une autre nourriture, un régime différent, d'autres localités ont fait naître chez lui d'autres mœurs et d'autres habitudes. Ainsi, par exemple, les Mineurs sont portés aux idées contemplatives par leur tempérament un peu hypocondriaque et leur vie inactive : les hommes de la province de Rio-Grande, qui mènent une vie extérieure et presque animale, sont à peu près étrangers aux sentimens religieux. Dans la province des Mines, les mariages sont rares, et les femmes, enfermées dans l'intérieur de leur maison, ne sont que les premières esclaves de leurs maris : dans celle de Rio-Grande, les femmes ne se cachent point, les unions légitimes sont plus communes, et les mœurs sont plus pures. Les Mineurs commettent quelquefois des crimes par trahison : les autres en commettent avec audace. Les premiers sont doux, polis, affectueux, communicatifs : les derniers ont des formes brusques et grossières. La rare intelligence des Mineurs, leur facilité pour apprendre, l'envie qu'ils ont de s'instruire sont généralement connus; quand je voyageois dans leur pays, j'étois sans cesse assailli de questions; chacun vouloit savoir quel étoit le but de mes travaux; on me demandoit tour à tour des détails sur nos arts, nos lois et notre histoire : dans la province de Rio-Grande, lorsqu'on sait galoper sur un cheval indompté, jeter le lacet, lancer les boules, châtrer un taureau, égorger un bœuf et le dépecer, on ne veut rien savoir de plus. Les Mineurs imaginent peu, mais ils imitent facilement, et ont une grande aptitude pour tous les arts et pour tous les métiers : dans la province de Rio-Grande, au contraire, les arts sont dédaignés, et la plupart des ouvriers sont des étrangers. Quoique fiers de leur patrie, les Mineurs la quittent sans peine : les habitans de Rio-Grande ne sortent point de leur pays, parce qu'ils savent qu'ailleurs il faudroit quelquefois qu'ils allassent à pied, et que nulle part ils ne trouveroient avec autant d'abondance la viande qui fait presque leur unique nourriture. Les Mineurs dépensent leur argent avec ostentation : les hommes de Rio-Grande ont souvent une fortune considérable, mais, à voir leurs habitations et la manière dont ils vivent, on les croiroit dans l'indigence. La province des Mines s'épuise : celle de Rio-Grande s'enrichit. Les Mineurs ont un courage ordinaire : les hommes de Rio-Grande se distinguent par une valeur brillante, et, sous un chef entreprenant, ils feroient des conquêtes faciles, partout où ils ne seroient point contrariés dans leurs goûts et dans leurs habitudes. Ces peuples cependant ont un trait frappant de ressemblance ; ils sont également hospitaliers, et je dois leur vouer une égale reconnoissance.

Porto-Allegre, capitale de la province de Rio-Grande, est bâti sur une presqu'île formée par une colline qui s'avance du nord-est au sud-ouest dans le lac *dos Pathos* (1). Celui-ci doit son origine à quatre rivières navigables qui réunissent leurs eaux en face de la ville, et qui, divisées à leur embouchure en un grand nombre de branches, forment un labyrinthe d'îles (2). Il seroit difficile de peindre

(1) Le nom de ce lac est celui d'une peuplade indienne qui n'existe plus aujourd'hui.

(2) Ces quatre rivières sont le Guahiba, qui plus haut porte le nom de Jacuy, le Cahy, le Rio-dos-Sinos et le Gravatahy. L'abbé Casal et d'autres ne font commencer le lac qu'au-dessous d'Itapuan, et considèrent les eaux, qui s'étendent entre ce lieu et Porto-Allegre, comme une continuation du Guahiba. Il est bien vrai qu'au-delà d'Itapuan, le lac devient beaucoup plus large ; cependant lorsqu'on monte sur les hauteurs voisines de Porto-Allegre, il est facile de se convaincre que le Cahy, le Rio-dos-Sinos et le Gravatahy ne se jettent point, comme le dit Casal, dans le Guahiba, mais qu'ils se réunissent avec lui dans un réservoir commun, qui, infiniment plus large que le Guahiba, n'en est pas plus la continuation que celle des trois autres rivières ; et il semble même prolonger celles-ci bien plus que le Guahiba, puisqu'il s'étend dans la même direction, tandis que le Guahiba n'arrive que latéralement. C'est aussi à Porto-Allegre que l'historien de Rio-Grande, mon respectable ami M. Joze Feliciano Fernandez Pinheiro, fait commencer le lac auquel on donne à son origine le nom de lac de Viamaô ou lac de Porto-Allegre, et à son extrémité méridionale celui de lac Merim.

la beauté d'une telle position ; ce n'est plus la zône torride, ses sites majestueux, et encore moins la monotonie de ses déserts ; c'est le midi de l'Europe et tout ce qu'il a de plus enchanteur.

Lorsque j'entrai dans la province de Rio-Grande, on étoit au mois de juin ; le froid se faisoit sentir ; je ne trouvois plus de fleurs, les insectes avoient disparu, et je n'étois dédommagé que par le grand nombre d'oiseaux qui vivent sur le bord des lacs, des marais et des rivières. L'eau gela souvent pendant mon séjour à Porto-Allegre, et, quand il faisoit moins froid, il tomboit des pluies abondantes. Dans les provinces de Goyaz et des Mines, une sécheresse opiniâtre caractérise l'hiver ; ici au contraire, cette saison est accompagnée de pluies presque continuelles. A cette époque, le vent du sud-ouest, appelé *minuano* (1), après avoir passé sur la grande cordillière du Chili et traversé les pampas, vient refroidir l'atmosphère. C'est à lui, s'il faut en croire les habitans du pays, qu'on doit attribuer les tétanos si fréquens à la suite de la plus légère blessure, et dans lesquels on a souvent employé avec succès, à Rio-Grande et Porto-Allegre, l'opium à grande dose, et surtout des frictions faites avec des brosses rudes.

J'ai indiqué la limite des divers produits coloniaux dans cette partie de la province de Saint-Paul, située à l'ouest de la grande cordillière brasilienne ; mais j'ai dit en même temps que, sur le littoral, leur culture s'étendoit bien davantage vers le midi. On retrouve des plantations de manhioc et de sucre jusque dans le voisinage de Porto-Allegre ; mais cette ville, située par le 30° 2', doit être considérée comme la véritable limite de ces plantes dans la partie orientale de l'Amérique méridionale. Quant aux cotonniers, ils s'étendent à environ un degré et demi de plus vers le sud.

Pour me rendre de Porto-Allegre à la ville de Rio-Grande-de-S.-Pedro-do-Sul, je suivis cette langue de terre étroite qui sépare le lac

(1) Ce nom est celui d'une peuplade indienne.

dos Pathos de l'Océan, et qui n'offre guère que des pâturages sablo-neux, parsemés de bouquets de bois, et entrecoupés de lacs.

Rio-Grande-de-S.-Pedro est bâti à environ trois quarts de lieue de la mer sur le bord du canal qui établit une communication entre elle et le lac dos Pathos. Rien n'est plus triste que la situation de cette ville, puisque, de tous côtés, on ne découvre autour d'elle que des eaux, des marais et des sables. Ceux-ci poussés, dans le temps des froids, par les vents furieux de l'ouest et du sud-ouest, volent en tourbillons, forment des monticules, pénètrent souvent dans les maisons les mieux fermées, et finissent par les engloutir. Rio-Grande s'étendoit autrefois bien davantage du côté de l'ouest; les sables ont enseveli des rues entières; mais, en revanche, la population s'est avancée peu à peu vers l'est, en formant des atterrissemens aux dépens du lac; et des maisons qui se trouvoient, il y a trente ans, au milieu de la ville, sont aujourd'hui à son extrémité occidentale.

Je profitai de mon séjour à S.-Pedro pour aller voir, au charmant village de S.-Francisco-de-Paula, ces grandes fabriques de viande sèche (charqueadas), qui font entrer annuellement des capitaux si considérables dans la province de Rio-Grande, depuis surtout que les bestiaux ont été presque anéantis sur les bords du Rio-de-la-Plata.

Vers la fin d'août, le froid ne se faisoit plus sentir; les pêchers étoient couverts de fleurs, les gazons commençoient à verdir, et déjà je trouvois sur les pelouses quelques plantes fleuries. La plupart appartenoient à des genres européens, et ce qu'il y a de remarquable, c'est que plusieurs de ceux qui fournissent chez nous des espèces printanières sont les mêmes auxquels se rapportent les plantes qui fleurissent les premières dans la contrée que j'habitois alors. Ainsi je récoltois des *Carex*, un *Anemone*, un *Ranunculus*, ou du moins une espèce voisine de ce genre, un *Cerastium*, des *Arenaria*, un *Centunculus* (1), un *Linaria*, etc.

---

(1) Les *Primulacées* sont chez nous des plantes printanières. C'est aussi au

J'observai dans les environs de Rio-Grande ces chiens singuliers qu'on nomme *ovelheros* (1). Là, comme dans tout le reste du Brésil, les troupeaux n'ont point de pasteurs, et l'on n'est pas non plus dans l'usage de les enfermer dans des bergeries; mais, dans la province de Rio-Grande, ils sont exposés à des ennemis plus nombreux peut-être que partout ailleurs, entre autres, les chiens sauvages qui dévorent les brebis, et les caracaras qui arrachent les yeux des agneaux. Pour donner un défenseur au troupeau, on prend un jeune chien d'une espèce vigoureuse; on le sépare de sa mère avant qu'il ait ouvert les yeux; on force une brebis à le nourrir de son lait; on le châtre, et on lui fait une petite hutte que l'on place au milieu du troupeau. Les premiers êtres vivans qui s'offrent à sa vue sont des moutons; il s'accoutume à eux, il prend pour eux une tendre affection, devient leur protecteur, et repousse avec courage les animaux qui viennent les attaquer. Il s'habitue à aller manger matin et soir à l'habitation; d'ailleurs il ne quitte plus le troupeau; et si quelquefois les brebis s'éloignent de la maison du maître, il se prive de nourriture plutôt que de les abandonner.

---

commencement du printemps que je trouvai en abondance, depuis Rio-Grande jusqu'à Maldonado, une *Primulacée* anomale qui sera l'objet d'un troisième mémoire sur le *Placenta central*, et que je caractérise de la manière suivante : Pelletiera. *Calix 5-partitus. Petala 3, hypogyna, ovata, unguiculata, distantia, calice multotiès minora. Stam. 3, basi petalorum inserta, iisdemque opposita. Stylus 1. Stigma capitatum. Ovarium globosum, 1-loc., 2-spermum. Ovula placentæ centrali semi-immersa orbiculari, desinente in filum cum interiore styli substanciâ continuum, mox evanidum. Capsula 3-valvis, 2-sperma. Embryo rectus, in perispermo axilis, umbilico parallelus.* — Pelletiera verna. *Herbula glaberrima, facie centunculorum. Caulis basi ascendente ramosus. Rami quadrangulares, erecti. Folia opposita, sessilia, elliptico-lanceolata, integerrima. Flores axillares, pedunculati; pedunculis folio brevioribus. Calycis divisuræ lineari-subulatæ acutissimæ. Petala alba. — In honorem dixi amicissimi D. M. Pelletier Aurelianensis, botanices peritissimi qui de gemmis arborum egregiè dissertavit.*

(1) Du mot portugais *ovelha*, brebis.

Je quittai Rio-Grande le 19 septembre, et pour me rendre à la frontière des possessions espagnoles, je suivis cette langue de terre qui sépare de l'Océan le lac *Merim*, continuation du lac *dos Pathos*. Ce pays n'offre que des pâturages très-ras, parsemés de quelques bouquets d'arbres qui deviennent d'autant plus rares qu'on s'avance davantage vers le sud.

A mesure que je m'éloignois de Rio-Grande, la végétation paroissoit moins avancée, et l'influence du climat sur les plantes devenoit plus sensible. Ainsi à un degré N. de Porto-Allegre, les arbres, dans la saison la plus froide, étoient presque tous encore chargés de feuilles : à S.-Francisco-de-Paula, près Rio-Grande, à peu près le tiers des végétaux ligneux avoit perdu les siennes; et enfin, à près de deux degrés plus au sud, vers Jerebatuba (1) et Chuy (2), un dixième des arbres seulement conservoit son feuillage, et ce n'étoient guère que les espèces les moins élevées, telles que des *Myrtées*, des *Myrsinées*, une *Onagraire*, et une *Nyctaginée*, qui fleurit au cœur de l'hiver, comme chez nous l'*Helleborus hyemalis*.

Vers la hauteur de Chuy, ancienne limite méridionale des campagnes neutres (*campos neutraes*), s'arrête le lac Merim. Là, je m'écartai de ma route pour aller herboriser dans le Cerro-de-S.-Miguel, petite chaîne de collines qu'on ne peut s'empêcher de remarquer dans un pays aussi plat que celui que je parcourois. Quoique les arbres ne fussent pas encore revêtus de feuilles, je trouvai à S.-Miguel plus de plantes en fleurs que je n'aurois espéré, et je fus frappé de leurs rapports avec la Flore européenne. Je recueillis, entre autres, plusieurs *Vicia*, plusieurs *Lathyrus*, des *Asphodelées*, famille dont je n'avois trouvé aucune espèce sous les tropiques; un *Helianthemum*, un *Carex*, un *Berberis*, un *Plantain*, plusieurs *Paronichyées*, plusieurs *Caryophyllées*, un *Poa*, un *Euphorbe*, etc.

(1) Des mots indiens *jyriba* et *tiba*, assemblage de palmiers.

(2) Pour *juyy*, la rivière des grenouilles.

Les *palmiers* paroissent s'arrêter dans cette partie de l'Amérique entre les 34 et 35° de latitude sud, ce qui correspond à peu près à la limite qu'on leur a trouvée à la Nouvelle-Hollande.

J'entrai bientôt dans les possessions espagnoles, et commençai à parcourir ces magnifiques campagnes qui furent, avant la guerre, si riches et si florissantes, et qu'on avoit appelées le paradis de la côte orientale de l'Amérique. Nulle part peut-être il n'existe de meilleurs pâturages; la terre est partout d'une grande fécondité, et les bestiaux sont beaucoup plus beaux que dans les possessions portugaises.

Je visitai les villes de Rocha, Saint-Carlos et Maldonado; j'allai herboriser dans les petites montagnes appelées Cerro-Aspro, Paô-de-Assucar, Cerro-de-las-Animas, et j'arrivai à Monte-Video.

L'occupation de cette ville et des pays circonvoisins par les troupes du Portugal avoit rendu la paix à la rive droite du Rio-de-la-Plata. L'administration portugaise et son respectable chef (1) avoient su triompher d'une haine nationale invétérée, honneur réservé à la prudence et à la modération.

La riante contrée qui s'étend depuis Monte-Video jusqu'à l'embouchure du Rio-Negro présente une immense plaine légèrement ondulée, où, quelque loin que la vue puisse s'étendre, on ne découvre presque jamais que des pâturages. L'herbe y atteint la même hauteur que dans les prés secs du milieu de la France; mais elle est plus fine que celle de nos prairies; elle se compose plus exclusivement de *Graminées*, parmi lesquelles dominent les *Stipas;* et elle n'est point, comme dans l'intérieur du Brésil, entremêlée d'arbustes et de sous-arbrisseaux. Dans ces campagnes on ne voit aucun bois; mais les plus grands ruisseaux coulent entre deux

(1) Le général Lecor, baron da Laguna.

lisières d'arbres qui n'appartiennent qu'à un petit nombre d'espèces, et du milieu desquels s'élève un *saule* aussi élégant que pittoresque. Ces arbres n'offrent point les teintes sombres des forêts de la zône Torride; le vert de leur feuillage est plus tendre peut-être et plus agréable à la vue que celui de nos bosquets printaniers; une herbe molle croît sous leur ombrage, et le paisible *capivara* (1) vient se jouer presque aux pieds du voyageur, tandis que le *cardinal* (2) fait entendre ses chants en voltigeant sur les branchages.

Dans les environs de Rio-de-Janeiro et tant d'autres parties du Brésil, on voit des fleurs pendant toute l'année, mais on n'en trouve jamais un très-grand nombre à la fois. Au contraire, à Monte-Video, sur les bords du Rio-de-la-Plata et de l'Uruguay, les fleurs paroissent, comme chez nous, dans un espace de temps fort court, et sont alors très-abondantes. Les mois d'octobre et de novembre sont la saison où l'on en trouve le plus; en hiver la végétation est suspendue, et, pendant l'été, les campagnes sont desséchées par l'ardeur du soleil. A la fin de novembre, les plantes, autour de Monte-Video, n'offroient déjà plus la même fraîcheur; huit à dix jours plus tard, les pâturages avoient cette couleur jaunâtre que présentent nos prairies, au moment où l'on va les faucher; enfin au 25 décembre, quand j'arrivai au Rio-Negro, l'herbe des champs étoit entièrement desséchée, et si j'apercevois quelques plantes en fleur, ce n'étoit plus que sur le bord des ruisseaux.

Depuis le fort de Sainte-Thérèse, situé par le 34° de latitude sud, jusqu'à Monte-Video, et de cette ville jusqu'à l'embouchure du Rio-Negro, par le 33° quelques minutes, je recueillis environ

---

(1) On prononce ce mot comme je l'écris ici; cependant plusieurs auteurs ont écrit *capibara*. L'orthographe de Marcgraff se rapproche le plus des étymologies.

(2) *Loxia cuculata* Lin. Avec cette espèce on en trouve une autre à laquelle on donne aussi le nom de *cardinal*, l'*emberriza gubernatrix* Tem.

cinq cents espèces de plantes, suivant d'abord la côte et ensuite le Rio-de-la-Plata, puis l'Uruguay; et, sur ce nombre de végétaux, il est à remarquer qu'il y en a quinze seulement qui ne se rapportent à aucune des familles dont se compose la Flore de la France. Ce sont deux *Loasa*, trois *Turnera*, deux *Calycérées*, un *Sesuvium*, deux *Bignonées*, une *Commélinée*, une *Malpighiée*, une *Passiflore*, et une *Gesneriée*.

Quelques plantes européennes, telles qu'un de nos *Anagallis*, le *Leonurus cardiaca*, un de nos *Chenopodium*, se sont presque naturalisées dans les environs de Rio-de-Janeiro. La quantité d'espèces venant d'Europe est déjà plus considérable autour des villes situées dans les parties élevées de la province des Mines; ainsi, par exemple, on retrouve à Villa-Rica notre *Verveine*, une de nos *Menthes*, le *Poa annua*, etc.; et l'on voit à Tejuco le *Verbascum blattaria*, l'*Urtica dioïca*, un de nos *Xanthium*, etc. Le nombre des plantes d'Europe augmente encore dans les alentours de Saint-Paul; le *Marrubium commune* et le *Conium maculatum* croissent jusque dans les rues de cette ville; le *Polycarpon* végète sur les murs des jardins qui l'entourent, etc. Plus reculé vers le midi, Porto-Allegre a reçu beaucoup de nos espèces; ainsi l'on voit communément dans quelques-unes de ses rues les moins fréquentées l'*Alsine media*, le *Rumex pulcher*, le *Geranium robertianum*, le *Conium maculatum*, l'*Urtica dioïca*, etc. Mais nulle part les plantes d'Europe ne se sont multipliées avec autant d'abondance que dans les campagnes qui s'étendent entre Sainte-Thérèse et Monte-Video, et de cette ville jusqu'au Rio-Negro. Déjà la *Violette*, la *Bourrache*, quelques *Geranium*, l'*Anethum fœniculum*, etc., se sont naturalisés autour de Sainte-Thérèse. Des plantes qui, dans leur pays natal, ne se trouvent qu'isolées, vivent en société dans les environs de Monte-Video; elles s'attachent, pour ainsi dire, aux pas de l'homme, entourent ses habitations et s'emparent des pâturages qu'il parcourt le plus. Les chemins sont bordés de deux larges bandes de fleurs d'un bleu pourpre, celle de l'*Echium maritimum*(1); l'*Avena sativa* est aussi commun dans quelques pâturages que si on l'avoit semé; on retrouve partout nos *Mauves*, nos *Anthemis*, un de nos *Erisymum*, notre *Marrube commun*, etc. Un de nos *Myagrum*, dont le premier pied parut il y a dix ans sous les murs de Monte-Video, couvre aujourd'hui presque à lui seul tout l'espace qui s'étend entre cette ville et son faubourg. J'espérois trouver beaucoup de plantes sur le Cerro-de-Monte-Video, la seule montagne qui avoisine cette ville; mais on a bâti un fort sur son sommet; des soldats la parcourent sans cesse, et sa végétation, actuellement presque artificielle, appartient en très-grande partie à la Flore de l'Europe. Cependant aucune espèce ne s'est répandue dans les campagnes du Rio-de-la-Plata et de l'Uruguay, bien au-delà du Rio-Negro, autant que le Chardon-marie (*Carduus marianus*), et surtout notre Cardon (*Cynara Cardonculus*). Comme ces campagnes étoient, avant la guerre, couvertes d'innombrables bestiaux, et que ceux-ci sont très-friands des jeunes pousses du Cardon, cette plante fleurissoit moins souvent et se multiplioit avec plus de lenteur; mais depuis que les troupeaux ont été exterminés, elle s'est étendue avec une rapidité effrayante; elle couvre aujourd'hui des terrains immenses; elle les rend inutiles pour le bétail et pour les chevaux arrêtés par ses feuilles épineuses, et elle sera un monument indestructible des discordes civiles qui ont agité cette belle contrée.

Au-delà du Rio-Negro, le pays est beaucoup moins peuplé qu'entre cette rivière et Monte-Video; il devient plus difficile à parcourir, et je me plais à reconnoître que, sans les nombreux services qui me furent rendus par MM. les officiers des troupes portugaises

(1) C'est à tort que l'on a imprimé *Echium vulgare* dans les Mémoires du Muséum (vol. IX). Les étamines de l'*E. maritimum* sont sur le même pied, tantôt sortantes et tantôt incluses.

et brasiliennes cantonnées sur les bords de l'Uruguay (1), il m'eût été impossible de continuer mon voyage.

Si j'en excepte les petits jardins plantés par les soldats portugais, je ne vis, dans un espace de plus de cinquante lieues, qu'un seul quartier de terre en culture. Livrés à une insouciance dont l'Européen chercheroit vainement à se faire une idée, les habitans de ces contrées, bien peints par Azzara, n'ont d'autre occupation que de monter à cheval et de galopper sur les traces des bestiaux; comme ils ne connoissent d'autre jouissance que celle d'aspirer avec un chalumeau des infusions de maté, et de se repaître, souvent sans sel et sans pain, de viandes à demi-crues. Le peuple de Monte-Video est peut-être supérieur à celui de Rio-Grande et de Porto-Allegre; mais les campagnards de cette partie de l'Amérique espagnole que j'ai parcourue, sont certainement au-dessous de ceux de la province de Rio-Grande, quoique les mœurs des uns et des autres aient beaucoup de rapports. La différence tient, je crois, à ce que dans la province de Rio-Grande les habitans de la campagne, fils ou petit-fils de cultivateurs des îles Açores, sont des blancs de race pure, tandis que les campagnards espagnols sont en grande partie des métis d'Européens et d'indigènes; et ceux dont le sang n'est point mélangé ont adopté, par imitation, les mœurs du plus grand nombre.

Je visitai les catadupes de l'Uruguay, appelées Salto-Grande et Salto-Chico, et j'arrivai à Belem.

Entre ce lieu et les Missions, mon voyage devint plus pénible qu'il n'avoit jamais été; je passai treize jours dans un désert où je ne découvrois aucune habitation ni aucune trace de chemin, qui n'est peuplé que par de nombreux jaguars et d'immenses trou-

(1) Je dois nommer entre autres M. le général Joaô-Carlos Saldanha Oleveira e Daun et M. Galvaô, colonel de la légion de Saint-Paul. Je ne puis m'empêcher de citer également ici mon ami M. le major Joaô Pedro da Silva Ferreira.

peaux de cerfs, d'autruches (1), de chevaux sauvages, et où les seuls hommes que j'aperçusse quelquefois dans le lointain, de l'autre côté du fleuve, étoient des insurgés espagnols, ennemis des Portugais.

Ce fut dans ce désert, sur les bords du ruisseau de Santa-Anna, que je faillis périr avec deux des hommes qui m'accompagnaient, empoisonné par quelques cuillerées du miel de la guêpe appelée *lecheguana*.

Dans les mois de décembre et de janvier, la chaleur avoit été excessive; le thermomètre indiquoit régulièrement de 24 à 29 degrés entre deux et cinq heures du soir, et j'avois fini par ne plus trouver de plantes. Cependant, vers les derniers jours de janvier, il tomba des pluies abondantes; les pâturages desséchés reverdirent avec une promptitude remarquable, et il y avoit déjà plusieurs jours que je revoyois des fleurs, quand j'entrai dans la province des Missions.

A mesure que je m'étois éloigné du Rio-Negro, j'avois observé moins de rapports entre la Flore de ce pays et celle de l'Europe; je recommençai à trouver un *Inga* et une *Mélastomée* aux catadupes de l'Uruguay; le saule, si commun autour de Monte-Video, avoit presque disparu, lorsque j'entrai dans la province des Missions; enfin quand j'y arrivai, il y avoit déjà quelque temps que je n'apercevois plus de plantes appartenant à d'autres genres de l'Europe; mais, en revanche, je revoyois plusieurs espèces que

---

(1) Les Brasiliens des provinces de Minas-Geraes, Goyaz, etc., leur donnent le nom d'*ema*, emprunté de quelque idiome des Indes orientales. Les habitans de la province de Rio-Grande les désignent par le mot portugais et espagnol *avestrus*. Les Guaranis les connoissent sous celui de *chuui* et non *churi*. Quant au mot *nandu*, que les naturalistes ont consacré, il est peu usité parmi ces Indiens, quoiqu'il se trouve dans le dictionnaire des jésuites; cependant les Guaranis se servent du mot *nandua* qui signifie grand plumet.

j'avois déjà recueillies dans les *campos geraes* et même dans les parties élevées de la province des Mines. Si à présent je considère dans leur ensemble les plantes que j'ai récoltées entre l'embouchure du Rio-Negro, par le 33ᵉ degré et quelques minutes, et l'Ibicui, limite des Missions, par le 29ᵉ et quelques minutes, je trouverai que, sur 295 espèces, il y en a 21 qui n'appartiennent point à des familles de notre Flore française, savoir : deux *Calycérées*, deux *Palmiers*, deux *Bignonées*, deux *Malpighiées*, deux *Ménispermées*, deux *Sapindacées*, deux *Melastomées*, une *Nyctaginée*, un *Cissus*, trois *Commélinées*, un *Turnera*, et une *Gesneriée*.

On sait que les Missions, dites du Paraguay, se composoient de trente bourgades, dont vingt-trois situées entre le Paranna et l'Uruguay, et les sept autres sur la rive gauche de ce dernier fleuve. Les premières ont été réduites en cendres pendant la guerre désastreuse qu'Artigas a faite aux Portugais et à ses propres concitoyens (1); les autres, dont les Brasiliens avoient fait la conquête en 1801, sont les seules qui subsistent encore; elles portent actuellement le nom de Province des Missions, et ce sont elles que j'ai visitées.

Les traditions qui se conservent encore dans cette belle contrée et les ruines qui la couvrent prouvent assez qu'on a peint sans exagération (2) le bonheur dont elle jouit autrefois. Ce n'est point en intelligence que les Indiens le cèdent aux hommes de notre race; mais, quelle que puisse être leur éducation, ils restent sans prévoyance (3); et de ce défaut dérivent tous ceux qui les caractérisent. Le gouvernement auquel les Guaranis obéirent jusqu'en 1768, absurde sans doute pour des hommes de notre race, étoit basé sur

---

(1) Plusieurs ont été brûlées par le maréchal portugais Chagas Santos, les autres par les habitans du Paraguay proprement dit et par les Indiens eux-mêmes.

(2) Voyez Montesquieu, Raynal, Châteaubriand, etc.

(3) A peine pourroit-on citer quelques rares exceptions.

une profonde connoissance des Indiens. Des hommes qui, comme les enfans, ne songent point au lendemain, ne sauroient parcourir sans guide la carrière de la civilisation, puisque la civilisation est fondée toute entière sur l'idée de l'avenir. Les Guaranis vécurent jadis dans une tutelle dont l'expérience a prouvé la nécessité, et elle ne pouvoit manquer d'être paternelle, parce que l'intérêt des tuteurs, d'accord avec leur honneur et leur devoir, étoit inséparable de celui des pupilles. Depuis 1768, les Guaranis furent livrés à des hommes qui ne virent en eux que les instrumens d'une fortune rapide; le pays s'appauvrit bientôt et a fini par tomber dans une entière décadence. Les Portugais traitèrent les Guaranis plus mal encore que n'avoient fait les Espagnols. Le roi prenoit aux Indiens un intérêt touchant (1); mais son ministère sembloit avoir oublié que la province des Missions faisoit partie de la monarchie portugaise, et il la laissa ruiner par des employés subalternes. En 1768, la population des sept bourgades, aujourd'hui portugaises, s'élevoit à 30,000 habitans; lorsqu'en 1801, les Espagnols se retirèrent, ils y laissèrent encore 14,000 ames; en 1814, il n'y en avoit déjà plus que 6395 (2); enfin j'assistai moi-même au recensement qui se fit en 1821, et, dans toute la province, il ne se trouva qu'une population indienne de 3000 individus. On a enlevé aux Guaranis leurs meilleurs pâturages; leurs bestiaux ont été dévorés ou conduits dans les habitations portugaises; les bourgades tombent en ruines; ces temples qui étonnent le voyageur ont été dépouillés et ne sont plus entretenus; à peine quelques vieillards conservent-ils une tradition des arts et des métiers, et j'ai vu des infortunés que la faim dévoroit sur une terre qui leur appartient

(1) Témoin la recommandation qu'il fit au colonel Paulete lorsqu'il le nomma commandant de la province des Missions, peu de temps avant la révolution du Portugal.

(2) Voyez l'excellent ouvrage intitulé *Annaes da Provincia de S.-Pedro*, par *Joze Feliciano Fernandès Pinheiro*.

et qui produit chaque année deux récoltes. En un mot, la province des Missions, naguère si florissante, offre aujourd'hui le tableau de toutes les misères qui affligent notre espèce, et dans peu l'on y cherchera vainement des Indiens (1).

La partie la plus méridionale des Missions comprise entre l'Ibicui, l'Uruguay et le Camacuan présente d'excellens pâturages. Mais, à mesure qu'on s'éloigne de S.-Francisco-de-Borja (2), les bois deviennent plus communs, l'herbe perd de sa qualité, et à S.-Joaô et S.-Anjo, on est obligé, pour conserver le bétail et surtout les vaches, de leur donner du sel, comme dans le pays des Mines. En revanche, les terres du nord de la province sont très-propres à la culture. Sans être jamais fumées, elles donnent, comme je l'ai dit, deux récoltes par an, et produisent, avec une abondance égale, le froment, le coton, le maïs, le riz, les haricots, le manhioc, les melons, les courges, les melons d'eau, et en général les légumes et les fruits de l'Europe. En choisissant les endroits les mieux abrités, on peut même planter la canne à sucre avec quelque succès.

Principalement dans la partie septentrionale, l'ensemble de la végétation a beaucoup de rapport avec celle du district de Curitiba qui n'est guère éloigné des Missions que de deux degrés vers le nord. Il y a cependant cette différence qu'on ne voit point de bois d'*Araucaria* dans cette dernière province.

Je traversai la Serra-de-S.-Xavier qui n'est que la conti-

---

(1) Ce que je dis ici des Missions ne s'accorde pas entièrement avec les opinions de D. Félix d'Azzara. Mais cet écrivain qui mérite les plus grands éloges comme observateur et comme peintre de mœurs, étoit imbu de quelques-uns des préjugés que les Espagnols apportoient trop souvent en Amérique, et il s'est mis en contradiction avec lui-même, lorsqu'il a parlé des Guaranis. Il a été au reste victorieusement réfuté par un historien ami de son pays, le D. Funes, dans son *Ensaijo de la Historia civil del Paraguay*, etc.

(2) Ou simplement S.-Borja.

nuation et presque l'extrémité de la grande cordillière, et je me retrouvai bientôt dans la province de Rio-Grande.

On étoit alors au mois d'avril, je ne voyois plus d'insectes, ni de plantes en fleur, et j'étois sans cesse contrarié par des pluies abondantes et par le passage des rivières. Depuis que j'étois sorti de la province de Sainte-Catherine, j'avois fait environ six cents lieues, et j'avois parcouru un pays coupé de rivières nombreuses; une partie de ce pays est riche et florissante, et cependant je n'avois pas vu un seul pont, quelquefois même je n'avois trouvé aucune pirogue sur le bord des rivières. Quand cela arrive, les habitans du pays prennent un cuir écru, ils en nouent les quatre coins, et en forment ainsi une sorte de barque arrondie (*pelota*), à laquelle ils attachent une courroie. Celui qui veut traverser l'eau, s'assied dans cette espèce de pirogue, et reste immobile pendant qu'un nageur, tenant la courroie entre ses dents, la tire jusqu'à ce qu'il soit parvenu à l'autre rive. J'ai fait transporter de cette manière un bagage souvent fort pesant; mais il est aisé de concevoir que le naturaliste ne peut sans inquiétude se voir forcé d'aventurer ainsi le fruit d'un long et pénible travail.

Arrivé à la ville de Rio-Pardo, je m'embarquai sur le Jacuy (1), et, après quelques jours de navigation, je me retrouvai, au bout de près d'un an de voyage, à Porto-Allegre (2).

N'ayant trouvé aucun moyen de transport par terre, je me décidai à m'embarquer pour Rio-Grande, et là pour Rio-de-Janeiro.

Les trois mâts peuvent remonter jusqu'à Porto-Allegre, et l'on voit constamment plus de cinquante bâtimens de diverses grandeurs

(1) La rivière des Jacus (*Penelope*).

(2) Sans les recommandations que m'avoit données M. le comte da Figuera, gouverneur de la province de Rio-Grande, et les facilités de tout genre qu'il m'avoit accordées, il m'eût été impossible d'achever ce voyage.

dans le port de cette ville. Cependant la navigation du lac dos Pathos est loin d'être sans danger; des vents terribles s'y font sentir; on n'y trouve d'abri que sur deux points différens; enfin ses eaux se répandant sur une grande surface, ne laissent pour le passage des navires qu'un canal fort étroit, et l'on n'a pas même eu le soin de l'indiquer par des balises.

La barre mobile de Rio-Grande est plus dangereuse encore, et, malgré les précautions que l'on a prises, les naufrages y sont encore fréquens.

J'arrivai à Rio-de-Janeiro sans accident; mais il me restoit à aller chercher à Saint-Paul les collections que j'y avois laissées. Voulant rendre ce dernier voyage aussi utile qu'il dépendoit de moi, je me décidai à passer par la province des Mines. Je partis de Rio-de-Janeiro à la fin de janvier 1822; je montai une seconde fois la Serra-Negra; je revis Barbacena et S.-Joaô-del-Rey; je gravis sur deux hautes montagnes que je ne connoissois pas encore, celles d'Ibitipoca et de Juruoca; je visitai le pic du Papagayo où aucun habitant n'étoit monté depuis un grand nombre d'années; et, malgré le peu de temps que je donnai à ces excursions, elles me procurèrent encore des récoltes abondantes; ce qui prouve que mes recherches de dix-huit mois (1) dans la province des Mines étoient loin d'en avoir épuisé les richesses. Je passai par la ville de Santa-Maria-de-Baependy (2), que ses tabacs ont rendue fameuse; je revis dans ses environs des bois d'*Araucaria;* je traversai avec beaucoup de peine la grande chaîne occidentale ou la Serra-da-Mantiqueira, et je me trouvai dans la province de Saint-Paul.

Dans un espace d'environ cinquante lieues, le pays qui s'étend sur la route de Rio-de-Janeiro à Saint-Paul, n'offre que des mon-

---

(1) Quinze mois lors de mon premier voyage, et trois mois pour me rendre ensuite à Goyaz.

(2) Ou simplement Baependy.

tagnes. Vers Lorena, l'on entre dans un bassin formé par la Serra-da-Mantiqueira et la grande cordillière maritime; et le terrain devient plus uni peut-être que dans tout le reste du milieu du Brésil. La végétation de Rio-de-Janeiro se retrouve, à quelques différences près, dans toute la partie montagneuse de la route, et se prolonge même douze lieues plus loin. Mais, vers Pindamonhonga, elle change presque tout à coup, et en même temps elle présente des différences assez sensibles avec celles des Mines et des Campos geraes. On peut promettre surtout les plus belles moissons de plantes à ceux qui pourront parcourir, dans toutes les saisons, les marais voisins de Thaubatè et de Mugy-das-Cruzes.

Je m'embarquai pour l'Europe au commencement de juin 1822, et j'ai eu le bonheur de préserver de tous les accidens les collections zoologiques et botaniques qui ont été le fruit de mes voyages. J'ai rapporté au Muséum de Paris deux mille cinq oiseaux, seize mille insectes, cent vingt-neuf quadrupèdes, trente-cinq reptiles, cinquante-huit poissons, quelques coquilles, quelques minéraux, etc. etc. Le nombre des plantes que j'ai recueillies s'élève à environ sept mille; je les ai toutes analysées sur les lieux-mêmes, et me suis principalement attaché à la dissection des parties dont la connoissance répand le plus de lumières sur les rapports naturels. Je m'estimerai heureux si je puis ne pas rester inutile à la science dont l'étude m'a procuré tant de fois de si douces jouissances.

HISTOIRE
DES PLANTES
LES PLUS REMARQUABLES
DU BRÉSIL ET DU PARAGUAY.

MONOGRAPHIE
DES
GENRES SAUVAGESIA ET LAVRADIA.

Les ouvrages les plus utiles, sans doute, sont ceux qui, embrassant un vaste ensemble, permettent à leurs auteurs de se livrer à des considérations générales et de s'élever à des vues philosophiques. Mais la main qui construit l'édifice ne sauroit en même temps en préparer les matériaux, et si l'on peut espérer un *Systema naturæ* qui approche de la perfection, c'est lorsque les différens groupes qui doivent entrer dans cette composition immense, auront été traités séparément par des monographes attentifs. Ces considérations m'ont engagé à tracer aujourd'hui la monographie des genres *Sauvagesia* et *Lavradia*; et, comme ces genres sont extrêmement voisins, j'ai cru devoir présenter leur histoire dans le même cadre; ce sera le meilleur moyen de faire connoître en quoi ils se ressemblent et par quels caractères ils diffèrent entre eux.

§ I.

Caractères généraux ; observations sur les caractères.

Les genres *Sauvagesia* et *Lavradia* réunissent une ou deux plantes herbacées et des sous-arbrisseaux glabres dans toutes leurs parties, d'un aspect généralement agréable et d'un port élégant.

Dans les espèces dont j'ai examiné les RACINES, je les ai trouvées fibreuses.

Les TIGES sont presque toujours droites et cylindriques, quelquefois simples, plus souvent rameuses.

Les FEUILLES sont constamment alternes, simples, portées par un pétiole extrêmement court, rarement tout-à-fait sessiles, le plus souvent dentées en scie et quelquefois entières dans le *Lavradia*. Lorsqu'elles sont entières, on n'y aperçoit d'autre nervure que la moyenne; mais le plus souvent elles portent des veines latérales qui, fort rapprochées et parallèles, les font paroître striées plus ou moins finement. Un bord calleux fait ordinairement le tour de la feuille; il se montre des deux côtés dans quelques espèces, et dans d'autres il ne paroît qu'en dessous.

Deux STIPULES caulinaires accompagnent la feuille, l'une à droite, l'autre à gauche, et, après sa chute, elles persistent sur la tige. Elles sont constamment ciliées, roussâtres, membraneuses, scarieuses, ou du moins d'une consistance sèche. Si un savant laborieux les a décrites comme axillaires, c'est que sans doute il n'avoit sous les yeux que des échantillons mal conservés.

INFLORESCENCE. Tantôt les fleurs sont axillaires; tantôt elles sont disposées en grappes simples ou composées : dans une seule espèce elles offrent des panicules. Les grappes commencent toujours, à ce qu'il paroît, par être terminales; mais, dans plusieurs espèces, elles deviennent latérales par l'allongement du bourgeon le plus voisin.

Pédoncules, Pédicelles. Les grappes ou panicules sont ordinairement pédonculées, et chaque fleur est toujours portée par un pédicelle filiforme ou capillaire, le plus souvent droit et quelquefois penché.

Bractées. Les pédicelles et les rameaux des grappes ou des panicules sont accompagnées de bractées qui, n'étant, comme partout ailleurs, que des feuilles moins développées, empruntent ordinairement quelque chose des formes de celles de la tige; qui également sont presque toujours accompagnées de stipules ciliées, et qui enfin diminuent de grandeur à mesure qu'elles s'élèvent davantage, parce qu'alors il n'arrive jusqu'à elles que des sucs moins abondans.

Parties de la fleur. Les fleurs sont toujours hermaphrodites et présentent à leur centre un seul pistil. Mais tandis que, dans la plupart des autres végétaux, on ne trouve autour des organes femelles que deux ou trois verticilles, le *Lavradia* en présente quatre et le *Sauvagesia* cinq. Ce sont : 1°. le calice; 2°. une corolle extérieure; 3°. des filets plus ou moins nombreux qui manquent dans le *Lavradia;* 4°. une corolle intérieure; 5°. les étamines. On sait que, dans la plupart des autres plantes, chacun des verticilles qui composent la fleur est le plus souvent alterne avec les verticilles les plus voisins; ainsi les pétales le sont ordinairement avec le calice et les étamines avec les pétales. Cette même loi se maintient ici malgré l'augmentation du nombre des verticilles. Les filets placés au-dessus de la corolle extérieure se trouvent alternes avec les pétales, et, par conséquent, opposés aux divisions du calice, quand ils sont en nombre défini ou disposés par groupe; les pétales de la corolle intérieure, lorsqu'elle est polypétale, comme dans le *Sauvagesia*, alternent avec les filets et les divisions du calice, et sont opposés aux pétales extérieurs; les étamines enfin alternent avec les deux rangs de pétales et sont opposées aux filets et aux divisions calicinales. On voit, d'après ceci, que je m'étois trompé, en disant autrefois (Obs. Sauv. in Mem. Mus., vol. II, pag. 215 et suiv.) que les pétales extérieurs du *S. erecta* étoient alternes avec les pétales intérieurs : c'est une inadvertance que je dois d'autant plus m'empresser de réparer ici, qu'elle a induit d'autres botanistes en erreur.

Calice. Le calice a été indiqué tantôt comme 5-partite et tantôt comme étant composé de cinq folioles distinctes. Quelques espèces peuvent laisser du doute; mais, comme il en est d'autres où l'enveloppe dont il s'agit n'est évidemment que 5-partite, j'ai cru devoir la décrire ainsi dans tous les cas. Ses cinq divisions sont, dans les deux genres, ovales ou ovales-lancéolées, ou ovales-oblongues, le plus souvent aiguës, constamment concaves, souvent un peu membraneuses sur les bords, quelquefois colorées. Pendant la floraison, elles sont constamment étalées; mais elles se replient sur le fruit et persistent autour de lui. Dans une foule de plantes, on voit les mêmes formes se reproduire dans les diverses parties avec des altérations plus ou moins sensibles. Les genres *Lavradia* et *Sauvagesia* nous offrent dans leur calice un nouvel exemple de ce fait, car l'extrémité de ses divisions est souvent bordée de cils, comme le sont les stipules, et comme on en trouve même, dans quelques espèces, à la pointe de la feuille.

Corolle extérieure. Elle se compose de cinq pétales hypogynes, caducs, parfaitement entiers, étalés, blancs ou roses, qui, avant la floraison, recouvrent chacun par un de leurs bords une portion du pétale voisin (*Præfloratio contorta*, Dec.). La première différence qui distingue les genres *Sauvagesia* et *Lavradia* se trouve dans la corolle; car, dans le premier, les pétales, largement onguiculés, sont obovés et très-obtus, et, par conséquent, leur plus grande largeur est au sommet; tandis que dans le *Lavradia* où les parties de la corolle sont simplement ovales ou lancéolées, c'est au sommet qu'est leur moindre largeur. Linné, qui, dans son *Genera*, avoit très-bien décrit les pétales du *S. erecta*, crut que, dans son *Systema naturæ*, où il visoit surtout à la concision, il pourroit donner tout à la fois une idée de la corolle et des filets, en disant, avec Pat. Brown, que les pétales étoient frangés; mais aucune considération ne doit faire sacrifier la vérité; des esprits trop timides perpétuent jusqu'aux moindres erreurs des grands hommes, et, de nos jours encore, lorsque le *S. erecta* est dans tous les herbiers, on a répété que les pétales des *Sauvagesia* étoient garnis de franges.

Filets. Au-dessus des pétales, on trouve dans le seul genre *Sauvagesia* un ou plusieurs rangs de filets fort grêles à leur base, plus épaissis au sommet, colorés, le plus souvent fort nombreux, quelquefois au nombre de cinq, de trois, ou même moins; qui affectent différentes formes; qui tantôt présentent celles d'une massue, d'un clou ou d'une spatule, et qui tantôt sont réniformes à leur sommet, et offrent ainsi l'image d'une étamine terminée par son anthère. Linné, dans la seconde édition de son *Genera,* avoit décrit ces filets comme étant placés entre le calice et la corolle; mais leur véritable situation a été reconnue non-seulement par moi, mais par Jussieu, Ruiz et Pavon, Kunth, etc., et très-bien figurée par Aublet, Lamark, et plus récemment par Sprengel (Grunds., tab. 6, fig. 12).

Corolle intérieure. Des botanistes ont désigné cette enveloppe par les mots de *nectaire* ou d'*écaille;* mais comme elle ne diffère de toutes les corolles connues, ni par sa forme ni par sa consistance, et que si elle existoit seule, personne ne seroit tenté de lui donner un autre nom que celui de corolle, c'est également ainsi que j'ai cru devoir l'appeler. Dans le *Sauvagesia,* la corolle intérieure est à cinq pétales distincts, allongés, obtus au sommet, et qui mutuellement se recouvrent par leurs bords. Le *Lavradia,* et c'est la troisième différence des deux genres, le *Lavradia,* dis-je, présente une corolle monopétale, ovoïde, conique, fort étroite à son sommet, et dont le bord est crénelé ou denticulé. Cette corolle est constamment plus colorée que l'extérieure, et rappelle un peu celle des bruyères.

Étamines. Dans les deux genres on les trouve constamment au nombre de cinq. Elles sont toujours incluses dans la corolle intérieure, et, comme je l'ai dit, alternes, dans le *Sauvagesia,* avec les pétales extérieurs. Cette même position est évidente dans le *Lavradia,* s'il ne s'agit que des pétales extérieurs; mais ici on ne peut déterminer la situation des étamines par rapport à la corolle intérieure, parce que ses dents ou crénelures sont ordinairement fort petites, et souvent au nombre de dix. Les filets sont très-courts; le connectif est parfaitement continu avec le filet; l'anthère est attachée par sa base, et, de plus, immobile. J'avois dit autrefois que, dans le *Sauvagesia erecta*, la face de cette dernière étoit tournée vers les corolles (Obs. Sauv. in Mem. Mus., vol. III); depuis j'ai retrouvé ce même caractère dans toutes les espèces des deux genres. Je dois ajouter que, dans l'un et l'autre, l'anthère est à deux loges, d'une couleur roussâtre, et qu'elle s'ouvre latéralement; mais les fentes qui se prolongent jusqu'à la base dans le *Lavradia* s'arrêtent dans le *Sauvagesia* plus ou moins près de l'extrémité supérieure. La forme de cet organe contribue encore à distinguer les deux genres: il est, dans le dernier, étroit et linéaire; dans le *Lavradia*, au contraire, il se montre plus ou moins elliptique, et quelquefois membraneux. C'est la quatrième et dernière différence qui se trouve entre les deux genres.

Observations sur les Filets, la Corolle intérieure et les Étamines. On doit naturellement se demander ce que sont ces filets et cette corolle intérieure intermédiaire entre la corolle extérieure et les étamines. Pour répondre à cette question, il est nécessaire, suivant le conseil d'un habile iconographe (*V.* Turp. Icon.), d'examiner leur situation relative. Les filets sont placés au-dessus des pétales et alternent avec eux; or, cette position est celle qu'ont ordinairement les étamines; donc ces corps doivent avoir une grande analogie avec les organes mâles, et leur forme ajoute encore à cette analogie, car ils sont toujours épaissis au sommet, comme l'anthère l'est par rapport au filament, et quelquefois même ils ont, à leur extrémité, toute la forme d'une véritable anthère. Il est à remarquer de plus qu'ils sont placés, avec la corolle intérieure et les étamines proprement dites, sur le court gynophore qui porte l'ovaire, tandis que les pétales extérieurs sont insérés au-dessous de cette petite colonne; il est à remarquer encore que les filets tiennent par leur base à l'extérieur de la corolle interne, tandis que les étamines sont soudées avec elle du côté intérieur; enfin on ne doit pas oublier que ces trois verticilles persistent ensemble autour du fruit, pendant que la corolle extérieure est caduque. D'après tout ceci, il est clair que les filets, la corolle intérieure et les étamines, ont plus de rapports entre eux qu'ils n'en ont avec les pétales extérieurs; en un mot, nés du même support, ayant une base commune, ne se détruisant qu'ensemble, ils paroissent réellement ne former qu'un seul corps. Les filets et la corolle intérieure ne seront donc en quelque sorte que des *appendices des étamines*, ou, si l'on veut, *des étamines déguisées* ou *avortées;* expressions que l'on auroit raison de reprocher aux botanistes, s'ils les prenoient dans un sens littéral, mais dont on ne s'est servi, je crois, que métaphoriquement, pour indiquer la plus grande analogie possible. Quoi qu'il en soit, puisque voilà une enveloppe absolument semblable à une corolle, qui cependant fait en quelque sorte partie des étamines, il est clair que nous trouvons ici une preuve de plus de cette vérité annoncée depuis si long-temps, savoir, l'extrême analogie de la corolle avec les organes mâles.

Le STYLE est cylindrique, le plus souvent grêle, quelquefois un peu rétréci à sa base, toujours persistant.

Le STIGMATE est terminal et se distingue à peine.

OVAIRE. Il est le plus souvent d'une forme ovoïde. Dans plusieurs espèces, je l'ai vu porté sur un court gynophore qui, comme je l'ai dit, soutient à la fois les étamines, la corolle interne et les filets, et, si je n'ai pas noté l'existence de ce support dans toutes les espèces que j'ai trouvées, c'est que probablement il m'aura échappé à cause de son peu de longueur. L'organisation interne de l'ovaire diffère peu de celui de la capsule; mais, pendant la maturation, le bord rentrant des valves paroît se développer dans une proportion plus sensible que les autres parties.

FRUIT. L'ovaire se change, dans les deux genres, en un fruit capsulaire, et reste entouré des filets, de la corolle interne et des étamines qui persistent. Comme la corolle interne du *Lavradia* ne prend plus d'accroissement après la floraison, l'ovaire, en grossissant, la déchire, et ce sont les lambeaux de cette enveloppe qui persistent autour de lui. Rarement la capsule est simplement ovoïde; plus souvent elle est ovoïde, 3-lobée et très-aiguë. Elle s'ouvre en trois valves; mais celles-ci ne s'étendent guère au-delà du milieu de sa longueur. Intérieurement elle est ordinairement vide dans une partie considérable à partir du sommet. Le reste de son organisation se nuance dans les différentes espèces. Dans le *Sauvagesia tenella*, la capsule est à une seule loge; c'est le bord des valves qui est seminifère, mais elles ne rentrent nullement en dedans, et l'intérieur de la loge n'offre pas l'inégalité la plus légère. Dans les *Sauvagesia erecta* et *Sprengelii*, les valves rentrent en dedans à commencer au tiers ou à la moitié de leur longueur; elles se prolongent fort avant vers le centre, mais sans se toucher en aucun point, ni se recourber vers la circonférence, et elles portent les semences à leur extrémité. Les bords seminifères rentrent à peine dans le *Sauvagesia linearifolia;* cependant, tout-à-fait à leur base, ils avancent jusqu'au centre, se rencontrent, se soudent et forment réellement trois cloisons extrêmement basses et autant de loges. Les valves rentrent davantage dans le *S. racemosa,* qui d'ailleurs offre la même organisation. Je retrouve des caractères à peu près semblables chez le *Lavradia glandulosa,* si ce n'est que les valves rentrent en dedans, en décrivant un arc renversé. Dans le *L. Vellozii,* le bord des valves est nu jusqu'à moitié; plus bas, il devient seminifère; mais, à leur base, ces mêmes valves se prolongent vers le centre, en décrivant aussi un arc; se soudant intimement, elles forment trois cloisons et autant de loges; et ce qu'il y a de très-remarquable, c'est que les semences ne se trouvent point dans l'angle de ces loges, mais seulement sur le sommet des cloisons continu avec le bord libre et également seminifère. Enfin, dans le *Lavradia elegantissima,* les bords des valves ne sont nullement seminifères ; mais, au tiers inférieur de la capsule, ces mêmes bords avancent jusqu'au centre en dessinant un croissant, se soudent intimement, forment trois cloisons et trois loges, et c'est seulement au bord libre supérieur et en croissant de ces cloisons que sont attachées les semences : organisation dont je n'ai jusqu'ici jamais trouvé aucun exemple.

Observations sur la Capsule. Les caractères que je viens d'indiquer dans les genres *Sauvagesia* et *Lavradia,* doivent nécessairement donner lieu à quelques observations.

1°. Contre l'opinion de M. de Jussieu, j'ai cru long-temps, avec l'illustre Richard, qu'on ne devoit dire, dans aucun cas, que les cloisons étoient formées par le bord rentrant des valves (*V.* An. Fr., p. 16); mais les divers modes d'organisation que j'ai signalés plus haut achèvent de démontrer que ce sont les valves qui, dans la déhiscence septicide, forment les cloisons, ou, pour parler d'une manière plus exacte, que celles-ci sont continues avec le bord des valves, et ne forment qu'un corps avec elles. En effet, nous voyons le bord même de la valve porter les semences sans aucune expansion quelconque; ailleurs il s'avance peu à peu, suivant les espèces, vers le centre de la loge; ailleurs encore les bords rentrans se soudent inférieurement au centre de la capsule, et y forment trois cloisons intimement unies; enfin, pour que nous n'ayons aucun doute sur l'origine des trois cloisons, nous voyons ces mêmes bords s'avancer en biais, de la circonférence du péricarpe vers le centre, et ne se réunir qu'après avoir éprouvé dans le même fruit tous les degrés d'expansion. 2°. Avec d'autres botanistes, j'avois cherché dans quels cas l'axe de la columelle d'un fruit appartient au système central, c'est-à-dire, à celui de la tige et des parties qui la représentent (1), et dans quels cas il dépend du système latéral (2), celui des organes placés latéralement par rapport à la tige. Comme ces botanistes, j'avois été tenté de croire que cet axe n'étoit que la prolongation des vaisseaux du pédoncule, quand il persiste après la déhiscence au centre de

(1) Système axifère, Turp.

(2) Système apendiculaire, Turp.

2.

la capsule, et je m'étois imaginé, au contraire, qu'il dépendoit des cloisons, lorsque, par la déhiscence, il se sépare, et qu'il est par parties entraîné avec elles. Mais la nature, comme l'a si bien dit M. Mirbel dans des cas analogues, la nature réprouve toutes ces distinctions rigoureuses ; tantôt elle laisse des intervalles entre les formes qu'elle se plaît à varier à l'infini, et plus souvent elle les nuance par des dégradations insensibles. Nous savons que les semences émanent toujours d'un faisceau de fibres simple ou divisé, qu'on a appelé *cordon pistillaire;* et, lorsque le faisceau existe sur le bord même des valves, sans aucune expansion intermédiaire, nous pouvons dire, sans aucun doute, qu'il dépend du système latéral. Si une expansion se manifeste entre le bord des valves et le cordon, mais qu'elle laisse encore un large intervalle vide au centre de la loge, nous attribuerons toujours les placentas au système latéral, et nous continuerons à dire qu'ils sont pariétaux. Mais, si, après s'être avancés vers le centre, de manière à ne plus laisser entre eux que la pointe d'une épingle, ils arrivent enfin, dans d'autres espèces, jusqu'au centre de la loge, comme cela a lieu dans une foule de familles, telles que les *Hypéricées*, les *Gentianées*, les *Cistées*, etc.; que là ils se soudent par le moyen d'un parenchyme intermédiaire, et que, placés immédiatement au-dessus du pédoncule, ils paroissent continus avec lui; à quel système appartiendront-ils? Je crois voir qu'en général, après la déhiscence, l'axe reste isolé au centre de la capsule quand les cloisons sont peu épaisses, et que les valves, s'écartant, les déchirent sans peine; je vois que les cloisons entraînent avec elles les cordons pistillaires, et qu'il ne reste rien au centre, quand ceux-ci n'étoient unis que par un tissu cellulaire rare ou peu serré; qu'enfin il n'y a point de séparation, quand la ténacité du parenchyme de la cloison et celle de l'axe sont à peu près égales. Si l'un de ces divers modes se trouvoit avoir de la constance dans une famille évidemment naturelle, il est évident qu'il pourroit, comme tout autre caractère, servir de pierre de touche; mais, il faut le répéter, suivons la nature dans toutes ses nuances, évitons de lui tracer ces limites fixes si commodes pour notre esprit, et dont elle s'écarte sans cesse, et ne cherchons point à porter une rigueur mathématique où elle s'est plu à laisser du vague et de l'incertitude.

Semences. Elles sont attachées sur deux rangs, et par de petits cordons ombilicaux, à la partie qui leur sert de placenta. Elles tiennent tout à la fois de la forme elliptique et de la forme arrondie; elles sont fort petites, et, dans toutes les espèces où je les ai observées, je les ai trouvées marquées de points enfoncés disposés par séries. Elles présentent à leur extérieur une raphe et une chalaze terminale.

Tégument propre crustacé.

Ombilic terminal.

Périsperme charnu et un peu succulent.

Embryon. Je l'ai toujours trouvé placé dans l'axe du périsperme. Il est droit, à peu près cylindrique, assez long et obtus aux deux extrémités. La radicule est tournée vers l'ombilic (ex. : *S. erecta*), et plus large que les cotylédons (ex. : *S. racemosa*).

§ II.

Histoire.

Surian fut, à ce qu'il paroît, le premier qui apporta des Antilles en Europe la plante dont on a fait le type du genre *Sauvagesia*. Il l'indiqua dans son herbier sous le nom d'*Yaoba*, emprunté des Caraïbes, et à ce nom il ajouta une phrase insignifiante, comme on en faisoit si souvent alors. Quelques échantillons recueillis par Surian passèrent dans l'herbier de Vaillant, avec la même phrase et toujours le nom d'*Yaoba* (1); mais, ni Vaillant, ni le compagnon de Plumier, ne publièrent rien sur notre plante.

Environ un demi-siècle plus tard, P. Brown parcouroit la Jamaïque. Y ayant découvert l'espèce que Surian avoit trouvée dans nos îles, il lui donna le nom d'*Iron*, et, en 1756, il la fit connoître dans son *Historia naturalis Jamaïcœ*, par une figure passable et par une phrase assez exacte. Une description écrite en anglais, et qui, dans l'ouvrage de Brown, vient à la suite de la phrase latine, peint assez bien les caractères de la végétation; mais ceux de la fleur y sont tracés tout à la fois d'une manière inexacte et incomplète; car l'auteur, confondant les étamines stériles avec les pétales, décrit ces derniers comme s'ils étoient frangés, et il ne fait aucune mention de la double corolle.

Tandis que Brown retrouvoit à la Jamaïque l'*Yaoba* de Surian, Linné l'étudioit en Europe sur des échantillons qui,

---

(1) J'ai puisé ces détails dans l'herbier de Surian, conservé par M. de Jussieu, et dans celui de Vaillant qui fait partie des collections du Muséum de Paris.

sans doute, venoient originairement de ce dernier voyageur. Ayant saisi les caractères de cette plante, il vit qu'elle devoit former un genre distinct, et il la dédia au médecin Sauvages, qui lui avoit fait le généreux abandon de son herbier. Ce fut en 1742, dans la seconde édition de son *Genera Plantarum*, que Linné décrivit son nouveau genre; mais bientôt il changea en *Sauvagesia* le nom de *Sauvagea* qu'il lui avoit donné d'abord. Le *Sauvagesia* fut cité plusieurs fois dans le *Philosophia botanica*, et indiqué dans la première édition du *Species*, avec des observations assez exactes, où l'auteur compare le port de sa plante à celle de l'*Hypericum*, et beaucoup plus heureusement à celui du *Corchorus*.

En montrant tout ce que fit Linné pour la connoissance de notre plante, nous ne saurions pourtant nous empêcher d'exprimer quelque surprise de ce qu'au milieu des nombreux caractères qui la distinguent, il lui ait choisi le moins remarquable peut-être pour nom spécifique, et qu'il l'ait appelée *Sauvagesia erecta*. S'il avoit eu sous les yeux deux *Sauvagesia*, et que l'un d'eux eût été rampant (1), il auroit été fort naturel sans doute qu'il donnât à l'autre le nom d'*erecta*; mais, comme il n'en connoissoit qu'un, et que les neuf-dixièmes peut-être des végétaux qui couvrent la

(1) Quelques auteurs laissent au féminin, en français, les noms de plantes qui, empruntés du latin, sont au féminin dans cette langue; d'autres au contraire font masculin en français tous les noms latins, quel que soit leur genre dans la langue originale. J'adopte ce dernier parti parce qu'il me paroît conforme à l'ancienne règle de notre grammaire qui veut que les mots étrangers empruntés sans aucune altération prennent toujours le genre masculin (ex. : *opera.*)

terre ont des tiges droites, il étoit vraisemblable que les espèces que l'on découvriroit encore présenteroient le même caractère, et qu'alors la première ne seroit plus distinguée. Mais en supposant même que le *S. erecta* restât la seule espèce de son genre, ce nom lui convenoit si peu que ses tiges sont moins souvent droites qu'elles ne sont étalées ou ascendantes; ce qui a été, pour les successeurs de Linné, la source d'une foule d'incertitudes et de quelques erreurs; car il étoit difficile de penser qu'une plante à tiges couchées fût la même qu'on appeloit *erecta*. Linné, au reste, ne dut pas tarder à s'apercevoir de cette faute; car, dans la seconde édition de son *Species*, où il admit pour synonyme l'*Iron* de Brown, il reconnut, avec la sagacité qui le distinguoit, que cette plante ne pouvoit pas même être considérée comme une variété du *S. erecta;* et cependant l'auteur de l'*Historia Jamaïcæ* dit expressément que sa plante a les tiges ascendantes.

Jaquin parcouroit les Antilles, pendant que Linné observoit en Europe. Ayant retrouvé à la Martinique la plante de Brown, il en publia dans ses *Stirpes Americanæ*, imprimés en 1763, une figure assez bonne et une description détaillée. Il adopta les noms générique et spécifique que Linné avoit indiqués dans la première édition de son *Species;* et Linné à son tour cita Jaquin dans les éditions de son *Genera*, postérieures à l'ouvrage du botaniste viennois.

Quelques années plus tard (1775), Aublet faisoit paroître la description des plantes qu'il avoit recueillies à Cayenne. Le *Sauvagesia erecta* fut du nombre; il en donna une nouvelle figure, et à cette première espèce il prétendit en ajouter une seconde, son *Sauvagesia Adima,* dont il publia également la figure avec une description très-détaillée. Linné et Jaquin avoient reconnu que leur plante et celle de Brown n'étoient qu'une même espèce, et, ainsi que je l'ai dit, il ne les avoit pas même distinguées comme variétés. Aublet en fit deux plantes distinctes; il rapporta à son *Adima* celle de Brown, et à son *erecta* celle de Jaquin. Cela seul devoit suffire pour faire naître des doutes sur l'existence de l'*Adima* comme espèce; car qu'étoit-ce que le témoignage d'Aublet contre celui réuni de Linné et de Jaquin? Il s'en faut bien sans doute que je ne sache reconnoître le mérite de la Flore de Cayenne; mais il faut avouer qu'il est peu de livres où l'on rencontre des inégalités aussi frappantes, et il est difficile de ne pas y reconnoître les traces de deux mains différentes. Ainsi, tandis que, sous le nom d'*Adima* (vol. 1, p. 252 et 253), on trouve dans ce livre une description excellente du *S. erecta,* on voit cette même espèce reproduite une page plus loin avec le nom linnéen. Il suffit, au reste, de jeter un coup d'œil sur les figures de ces plantes pour reconnoître leur identité; tous les caractères sont les mêmes, et si le *S. erecta* est plus petit, c'est qu'il est venu, comme le dit Aublet (l. c. p. 255), dans une terre sablonneuse; de là ses tiges plus grêles, ses feuilles plus petites, ses pédoncules plus courts. Quant aux feuilles très-rapprochées qu'Aublet représente à la naissance de la tige, elles sont encore un signe de la foiblesse de la plante; ce sont, comme j'en ai eu des exemples au Brésil, celles des bourgeons qui étoient nés à l'aisselle des premières feuilles déjà tombées, et si ces bourgeons ne se sont point étendus en rameaux, c'est qu'un terrain trop maigre ne leur fournissoit point les sucs nécessaires. Il n'est aucune des plantes de nos campagnes qui n'offre à chaque pas des différences plus sensibles que les *S. Adima* et *erecta* d'Aublet; et, malgré la scrupuleuse attention avec laquelle on distingue aujourd'hui les moindres variétés, on a presque toujours le bon esprit de négliger celles qui ont aussi peu d'importance.

Ces considérations n'ont point échappé à Willdenow (*Voy.* Sp. I, p. 1185), car il indique le *S. Adima* d'Aublet comme un double emploi de l'*erecta;* et, dans le nouveau *Species*, imprimé en 1797, l'on ne trouve toujours qu'une seule espèce de *Sauvagesia*. Mais tel est le danger des erreurs, qu'elles se propagent long-temps encore après qu'elles ont été reconnues par de bons esprits. Il suffit qu'une espèce ait été indiquée par un botaniste pour que ceux qui le suivent persistent à la retrouver; les compilateurs, afin que rien ne leur échappe, l'inscrivent dans leurs catalogues; et c'est ainsi que les espèces imaginaires, les doubles emplois, les fausses indications de localités, se perpétuent, même dans les Flores des pays les mieux connus et les plus fréquentés.

Le plan que le savant Lamark suivoit dans ses *Illustrations* ne lui permettoit d'entrer dans aucune discussion; il admit comme espèces distinctes le *S. erecta* L. et l'*Adima* de la Flore de Cayenne, et emprunta, pour les appliquer à ce dernier, les figures d'Aublet et de Brown, qu'il considéroit comme représentant deux variétés différentes. Mais si M. Lamark répétoit un double emploi, en même temps il faisoit connoître, par une phrase excellente, une espèce bien réellement nouvelle, le *Sauvagesia tenella* (Ill., vol. II, p. 119), que M. Richard avoit recueillie à la Guyane. C'étoit, depuis Surian, la première espèce véritable qui eût été ajoutée au genre *Sauvagesia.*

Le laborieux continuateur de M. de Lamark donna quelques détails de plus sur cette dernière plante (Enc., vol. VI, p. 669); il conserva les *S. erecta* et *Adima* comme espèces distinctes; mais deux passages de son livre (l. c., p. 669 et 670) prouvent suffisamment qu'il étoit tenté de réunir ces plantes, et qu'il ne les conserva que par respect pour ceux qui l'avoient précédé.

Cependant M. Dupetit-Thouars, de retour de ses voyages, commença à publier la description des nouveaux genres qu'il avoit recueillis; et, dans une des excellentes dissertations qu'il a répandues dans son ouvrage, il annonça qu'il avoit trouvé un *Sauvagesia* dans l'île de Madagascar (Afr., p. 58).

M. Persoon, rédigeant son utile *Synopsis*, ne put se persuader qu'une espèce de Madagascar fût la même que celle qui croît à Cayenne et aux Antilles, et il signala la plante d'Afrique comme une espèce distincte sous le nom de *S. nutans* (Syn. I, p. 253). Mais les caractères indiqués par Persoon conviennent également bien au *S. erecta*, et il ne peut plus rester de doutes sur leur identité, car M. Dupetit-Thouars a bien voulu me permettre de comparer les échantillons recueillis à Madagascar avec ceux que j'ai rapportés du Brésil, et nous avons reconnu, non sans quelque surprise, qu'ils ne pouvoient pas même être distingués comme variétés (1).

(1) C'est ce double emploi de M. Persoon qui a porté M. de Candolle à citer,

Il étoit de la destinée du *S. erecta* de donner lieu à une suite de doubles emplois. Ruiz et Pavon l'avoient aussi trouvé au Pérou (Fl. Per., t. III, p. 11), ils lui avoient conservé son nom, et ils en avoient publié une description détaillée où ils reconnoissent qu'il existe souvent deux ou trois fleurs à l'aisselle des feuilles. Comme ce caractère n'avoit encore été signalé par personne, Rœmer et Schultes crurent qu'il indiquoit une nouvelle espèce, et désignèrent, dans leur utile ouvrage, la plante du Pérou sous le nom de *S. Peruviana.* Mais déjà on avoit pu remarquer des fleurs disposées deux à deux dans la figure attribuée par Aublet à son *S. Adima;* les échantillons de Cayenne, des Antilles et du Brésil ont indifféremment une ou deux fleurs à l'aisselle de leurs feuilles; ceux recueillis au Pérou par M. de Humboldt, et qui ont des fleurs binées et ternées comme la plante de Ruiz et Pavon, ne diffèrent nullement de celle de Cayenne; enfin, MM. Kunth et Persoon n'ont pas hésité à rapporter la plante de Ruiz et Pavon au *S. erecta*, et, en effet, jusqu'à ceux-ci, il n'avoit été fait de cette espèce aucune description plus parfaite que la leur.

Cependant la confusion causée par l'ancienne erreur d'Aublet étoit arrivée à son dernier période. M. Rœmer et Schultes admirent les *S. Adima* et *erecta*, et jugeant avec raison que les observations de Linné conviennent également à tous les deux, ils ne savent plus auquel ils doivent les attribuer, et prennent le parti de ne les rapporter ni à l'un ni à l'autre. Ainsi le nom de Linné subsiste encore dans le nouveau *Sys-*

---

dans son excellente *Géographie botanique* (Voy. le Dict. des Sciences naturelles), le genre *Sauvagesia* comme un de ceux dont les espèces peu nombreuses sont partagées entre les deux mondes.

tema, mais sans la citation de son auteur, et c'est ainsi qu'il a passé dans l'utile compilation de M. Steudel. Cette faute cependant n'est que la conséquence naturelle de celle d'Aublet; et loin de pouvoir la reprocher aux auteurs du *Systema*, elle est bien plutôt une preuve de leur logique et de leur exactitude.

Quoi qu'il en soit, les cinq espèces citées par Rœmer et Schultes se réduisent toujours à deux, *Sauvagesia erecta* Lin. et *tenella* Lam.; les trois autres, *Adima, Peruviana, nutans*, ne sont, comme je l'ai prouvé, que de doubles emplois de la première; et cependant, par une singularité fort remarquable, l'un de ces doubles emplois vient encore d'être répété sous un nom différent.

Moncino et Secé ayant trouvé au Mexique le *Sauvagesia erecta*, en avoient tracé une figure tellement grossière, que la corolle extérieure y est représentée comme monopétale. Cependant, malgré ses défauts, cette figure reproduit si clairement la plante linnéenne, qu'il est impossible de ne pas reconnoître une identité parfaite. Mais les fleurs y sont indiquées comme géminées, et la même raison qui avoit engagé Rœmer et Schultes à ériger en espèce le *S. erecta* de Ruiz et Pavon, a paru suffisante à l'intéressant auteur du *Mémoire sur les Violacées* (p. 27, tab. II, nº. X), pour en faire une de celle de Moncino, sous le nom de *S. geminiflora* (1).

Il a cependant été publié une troisième espèce véritable de *Sauvagesia*, et c'est à M. Sprengel que l'on en doit la con-

(1) Je ne sais si, en général, il n'est pas un peu hardi de décrire des plantes d'après de simples figures, surtout lorsqu'elles laissent autant à désirer que celles de Moncino.

noissance. Sous le nom d'*Adima*, ce savant auteur reproduit le véritable *erecta* de Linné, et sous celui d'*erecta*, il décrit avec exactitude une espèce qui jusqu'à lui étoit restée inconnue aux botanistes. Une plante qui a des feuilles extrêmement rapprochées, longues seulement de trois lignes, et des fleurs terminales, ne peut être l'espèce à laquelle Linné rapportoit les figures et les descriptions de Jaquin et de Brown, et à laquelle il attribuoit positivement des fleurs axillaires. La plante de Sprengel a été recueillie à Cayenne avec l'*erecta* par l'illustre Richard; il les avoit parfaitement distinguées, et avoit reconnu que la première étoit une espèce entièrement nouvelle. Cependant, comme M. Richard n'avoit rien publié sur sa plante, l'honneur de l'avoir fait connoître reste à M. Sprengel, et le nom de *Sauvagesia Sprengelii* qu'elle prendra, au lieu de celui de *S. erecta*, sera un foible hommage rendu à l'auteur érudit de l'*Historia rei herbariæ.*

Avec les *Sauvagesia Sprengelii* et *erecta*, Richard avoit encore rapporté de Cayenne un autre *Sauvagesia* qui se trouve également dans l'herbier du Musée, et y est indiqué comme croissant au Brésil. Cette plante, intermédiaire entre les deux espèces que je viens de citer, avoit été considérée comme distincte par M. Richard, et je crois que l'on peut effectivement la regarder comme telle. L'auteur de l'*Analyse du Fruit* n'avoit point fait connoître les caractères de la plante dont il s'agit; mais son fils M. A. Richard a bien voulu me communiquer les échantillons qu'il possède, ainsi que ceux du *S. Sprengelii*, et la description des deux plantes trouvera naturellement sa place dans la monographie que je publie aujourd'hui. Aux *Sauvagesia erecta*, *tenella*, *Spren-*

gelii et *rubiginosa*, je joins encore deux espèces fort remarquables de la Flore du Brésil, les *Sauvagesia linearifolia* et *racemosa;* et ainsi, le genre *Sauvagesia* qui, jusqu'à présent, n'étoit composé que de deux espèces véritables, en comprendra actuellement sept, toutes parfaitement distinctes.

Le genre *Lavradia,* long-temps négligé par tous les botanistes, n'a pu faire naître autant d'erreurs et d'incertitudes que le *Sauvagesia.*

L'heureuse impulsion que Linné avoit donnée aux sciences naturelles, s'étoit sentie dans toutes les parties du monde; les Portugais ne firent pas moins de sacrifices que les autres peuples pour accélérer les progrès de la botanique, et ils dépensèrent 50,000 cruzades (125 mille francs) pour faire voyager un naturaliste dans les diverses parties de la province des Mines (1). L'abbé Vellozo de Villa-Rica (2), qui fut chargé de cettte commission honorable, réunissoit plusieurs des qualités nécessaires pour former un botaniste habile, du zèle, un tact sûr et le goût de l'observation; mais malheureusement il vivoit éloigné des livres et des objets de comparaison, et cédant trop au préjugé qui, dans sa patrie, condamnoit les hommes blancs à fuir le travail, il herborisoit beaucoup moins lui-même que par l'intermédiaire de ses esclaves. Ses dessins ont été perdus, et ses manuscrits, qui

---

(1) Il faut convenir que les sacrifices faits en faveur des sciences par le gouvernement Portugais n'ont pas eu, en général, les résultats qu'on devoit en espérer; mais ce n'est pas ici le lieu d'en rechercher la cause.

(2) Il ne doit point être confondu avec le Père Vellozo, auteur du *Flora Fluminensis* dont il existe deux exemplaires manuscrits dans la bibliothèque de Rio-de-Janeiro et dont il seroit si fort à désirer que l'on publiât les magnifiques dessins.

sont tombés entre mes mains, ne sauroient avoir aucune utilité.

Vellozo envoyoit à Vandelli une partie de ses descriptions; celui-ci, après y avoir ajouté quelques mots, les publioit dans son *Floræ Lusitanicæ et Brasiliensis specimen* (1), et pour me servir de l'expression qu'emploie Linné en écrivant à Vandelli lui-même au sujet de Grisley (Lin., litt. in Fl. lus. spec., p. 81), le professeur de Coïmbre offroit aux botanistes, dans un livre plus nuisible qu'utile, une suite d'énigmes qu'un Œdipe seul auroit pu deviner.

Parmi les plantes de Vellozo, publiées par Vandelli, est le *Lavradia*, dédié par le premier de ces naturalistes au marquis de Lavradio qui, vers 1774, gouvernoit le Brésil en qualité de vice-roi. Vandelli ne dit pas même quelle étoit l'origine du nom de *Lavradia*, et les botanistes crurent, d'après son orthographe, qu'il falloit lire *Lauradia*. Ce genre, au reste, étoit si mal décrit, et figuré si imparfaitement, que, pendant de longues années, il fut, pour ainsi dire, oublié par tous les botanistes.

A la vérité, M. de Jussieu en dit deux mots dans son *Mémoire sur les Meliacées*, famille à laquelle il croyoit devoir le rapporter (Mem. Mus., v. 6, p. 440); mais la description incomplète de Vandelli l'avoit si peu frappé, qu'il attribue à Loureiro le genre dont il s'agit. M. Poiret parla aussi fort succinctement du *Lavradia*; mais il crut que Vandelli avoit voulu écrire *Leuradia*, et il pensa, sans doute d'après ce qu'avoit avancé Jussieu, que ce genre pouvoit avoir

---

(1) Il en a paru une contrefaçon à Nuremberg, sous le titre de *Scriptores de plantis Hispanicis, Lusitanicis, Brasiliensibus*.

quelque affinité avec l'*Aglaia*. Cependant l'illustre Brown, dans ses *Observations sur les plantes du Congo*, rappela enfin aux botanistes le genre *Lavradia*, et donna une singulière preuve de sagacité, en disant que sans doute il faudroit le rapprocher des *Violettes*. Il paroît porté à croire en même temps que ce genre n'est autre chose que le *Conohoria;* mais si ce soupçon est erroné, c'est encore la mauvaise figure de Vandelli qu'il faut en accuser.

Malgré la courte phrase de Vellozo, copiée par le professeur de Coïmbre, je ne doute pas que son espèce, à laquelle celui-ci ne donne aucun nom, ne soit celle que j'ai appelée *Lavradia Vellozii*.

Dans l'*Aperçu de mon Voyage* (in Mem. Mus., vol. 9) j'ai déjà fait connoître une seconde espèce de ce genre, le *Lavradia elegantissima*; mais, comme cet *Aperçu* a été imprimé, ainsi que j'en ai averti, avant que mes manuscrits fussent tous rassemblés et mes plantes réunies, j'ai indiqué celui dont il est ici question sous le nom impropre de *Sauvagesia elegantissima*.

A ces deux espèces j'en ajoute trois autres, que j'ai également recueillies dans mes voyages, et ainsi le genre *Lavradia* se trouve monter aujourd'hui à cinq espèces, au lieu d'une seule, qu'on étoit presque tenté de considérer comme une plante imaginaire.

§ III.

Géographie.

Peu de genres présentent pour la géographie botanique des faits aussi remarquables que le *Sauvagesia* et le *Lavradia.*

Un examen attentif avoit fait dire à M. de Humboldt qu'aucune plante dicotylédone n'étoit commune aux deux mondes (*Dist. Plant.*, 62 et 65). Le *Sauvagesia erecta* fait une exception à cette règle (1). Cette plante croît au Pérou, à Surinam, à la Guyane, au Brésil; traversant l'Océan, elle se retrouve sur la côte de Guinée (2). M. Dupetit-Thouars et M. Perottet en ont rapporté de Madagascar des individus qui ne diffèrent nullement de ceux de Rio-de-Janeiro et de Minas-Geraes ; et enfin M. Perottet m'en a aussi montré des échantillons qu'il a recueillis à Java. Ainsi voilà une espèce qui parcourt à peu près toute la zône comprise entre les tropiques; et l'on ne peut raisonnablement soupçonner qu'elle ait été transportée par l'homme en tant de contrées diverses. Le *Sauvagesia erecta* n'est point en effet une plante d'une utilité générale, telle que le *Bananier,* les

---

(1) Mon estimable ami le P. Leandro do Sacramento, professeur de botanique à Rio-de-Janeiro, m'a dit que sur trente plantes recueillies à Angola et à Benguela, il en avoit reconnu vingt-neuf comme appartenant au Brésil, et il est difficile de révoquer en doute l'assertion d'un homme aussi véridique et aussi instruit. Le fait que je rapporte a déjà été cité par M. Malte-Brun (Geog. vol. V, p. 677).

(2) L'indication de cette localité appartient à Willdenow. Je crois qu'on ne peut guère avoir de doute sur son exactitude à présent que l'on sait que le *S. erecta* croît à Java et à Madagascar.

Céréales, ou la *Canne à sucre*; elle ne sert point aux emballages comme autrefois l'*Erigeron Canadense*; et enfin ses semences n'étant ni ailées, ni visqueuses, ni accrochantes, ne peuvent être enlevées par les vents, ni s'attacher aux poils des animaux ou aux vêtemens des hommes. Nous ne voyons dans la plante dont il s'agit qu'une herbe ou un sous-arbrisseau obscur, négligé presque partout où il croît; et, ce qui est encore fort remarquable, c'est que, naissant dans un si grand nombre de pays différens, il ne paroît être cependant fort commun nulle part.

Mais ce n'est pas seulement dans le sens de l'équateur que s'est répandu le *Sauvagesia erecta*; il est aussi du nombre de ces végétaux qui, suivant l'observation de M. Ramond (Ann. Mus., vol. IV, p. 497), s'étendent dans le sens des méridiens. Ainsi il croît au Mexique, dans les Antilles, à la Guyane, au Brésil, et je l'ai retrouvé jusque sur les bords du *Rio-Jaguaricatu*, situé à peu près par le $21^{e}\frac{1}{2}$ degré de lat. sud. Je ne serois pas étonné non plus qu'on le rencontrât dans les endroits marécageux de l'île de Sainte-Catherine, car la végétation de cette île a une extrême analogie avec celle de Rio-de-Janeiro; et d'ailleurs il est incontestable que le *Jaguaricatu* ne sauroit être indiqué comme sa limite positive. Cette rivière en effet coule sur ce plateau élevé qui s'étend au midi de Saint-Paul à l'ouest de la grande Cordillière Brasilienne parallèle à la mer. Cependant, comme je l'ai déjà fait observer dans l'*Aperçu de mon Voyage*, la limite des plantes sur ce plateau n'est pas déterminée seulement par leur éloignement de la ligne équatoriale, mais aussi par l'élévation du sol. Le *Jagua-*

ricatu est situé sur le plateau entre la limite de la *Canne à sucre* et celle des *Cotonniers;* or ces mêmes limites se retrouvent dans le pays plat, à peu d'élévation au-dessus du niveau de la mer, l'une vers le 30e degré et l'autre vers le 31e $\frac{1}{2}$; donc la limite que j'ai trouvée au *S. erecta* équivaut à peu près à 30° 24'.

Ce qui sans doute paroîtra fort singulier, c'est que les autres espèces, tant du genre *Sauvagesia* que du genre *Lavradia*, sont bornées à des espaces de terrains peu considérables. Le *Sauvagesia tenella* n'a été trouvé qu'à Cayenne; c'est du même pays que M. Richard a rapporté les *S. rubiginosa* et *Sprengelii*, et si ces espèces croissent au Brésil, comme on l'a vaguement indiqué, il est assez vraisemblable que c'est uniquement dans les parties les plus voisines de la Guyane, car je ne les ai jamais rencontrées dans le cours de mes voyages. Le *Lavradia racemosa* ne se trouve que dans les pâturages marécageux et assez élevés des provinces de Saint-Paul et des Mines. Les *Lavradia Vellozii* et *capillaris* sont limités à cette chaîne de montagnes que M. d'Eschwege a nommée *Serra do Espinhaço;* et enfin, quoique j'aie beaucoup parcouru cette chaîne, je n'ai trouvé chacune des trois espèces, que j'ai appelées *S. linearifolia*, *L. elegantissima* et *ericoïdes*, que sur un seul point et encore en très-petite quantité. Ainsi, tandis que le *S. erecta* fait, d'un côté, le tour du globe, et, d'un autre côté, s'étend du Mexique jusqu'au 24e degré et demi de lat. S., et probablement beaucoup plus loin encore, des espèces très-voisines paroissent bornées à un seul point, comme l'*Origanum Tournefortii* du rocher d'Amorgos (*V.* Mirb. elem. p. 426).

Pour expliquer cette singulière différence, peut-être faudroit-il dire que les racines du *S. erecta*, vivant dans des lieux mouillés, trouvent partout une température à peu près semblable, tandis que le *S. linearifolia* et les *L. ericoïdes* et *elegantissima*, qui croissent dans des lieux secs et très-élevés, du moins pour le Brésil, ne pourroient probablement trouver ailleurs la même température combinée avec la même nature de sol. Mais si l'on comprend ainsi pourquoi le *S. erecta* se conserve sous tant de climats divers, on ne voit pas, en supposant qu'il ait commencé à croître sur un point plutôt que sur un autre, supposition au reste entièrement gratuite; on ne voit pas, dis-je, comment il a pu s'étendre dans des espaces aussi immenses, surtout n'ayant pour se répandre aucun des moyens dont sont pourvus tant d'autres végétaux.

§ IV.

Usages.

Des douze espèces qui composent à présent les genres *Sauvagesia* et *Lavradia*, le *S. erecta* est la seule à laquelle on attribue quelques propriétés. A la vérité on n'en fait aucun usage au Brésil; mais la phrase de Surian prouve qu'il la considéroit comme ophtalmique. Ruiz et Pavon assurent (Fl. Per., III, p. 11) que les Péruviens s'en servent souvent dans les affections de poitrine, et enfin M. Richard qu'elle est diurétique. Ce qu'en dit Aublet suffit pour expliquer ces propriétés diverses, et prouve qu'elles tiennent au même principe. Suivant cet auteur, en effet, les feuilles mâchées de la plante dont il s'agit sont mucilagineuses, et les nègres de Cayenne les mangent en guise de *carourou*. Si donc le *S. erecta* est utile dans les affections de poitrine, c'est, comme notre *mauve* et notre *guimauve*, parce qu'il est mucilagineux; par une raison semblable, il doit être ophtalmique, comme le sont les mêmes plantes dans les cas où il se manifeste une inflammation; et s'il agit aussi comme diurétique, c'est que sans doute il est appliqué comme tel, lorsqu'une irritation rend les adoucissans nécessaires. Bientôt nous allons retrouver des principes semblables et une partie des mêmes usages dans une plante très-voisine, le *Conohoria Lobolobo* (1). Ils nous aideront à confirmer les affinités que les caractères auront déjà établies, et nous aurons une preuve de plus de l'identité de propriété dans les végétaux qu'une organisation analogue tend à rapprocher dans les mêmes groupes.

§ V.

Affinités.

Linné s'étoit contenté d'indiquer les rapports d'*habitus* du genre *Sauvagesia*. B. de Jussieu rechercha ses affinités botaniques, et ne les découvrit point, puisqu'il plaçoit ce genre près du *Pourpier*, entre la *Cuscute* et le *Saxifrage*. On pourroit croire qu'Adanson fut plus heureux que son

---

(1) *Conoharia Lobolobo N.* foliis alternis et suboppositis, in apice ramulorum confertis, oblongo-lanceolatis, angustis, utrinque acutis obsolete serratis, glabris; racemis simplicibus; pedicellis puberulis; nectario nullo; ovulis basi placentarum affixis.

maître, parce qu'il avoit rangé le *Sauvagesia* parmi ses *Cistes*; mais cette famille n'étoit réellement pour lui qu'un cadre où il plaçoit les genres dont il étoit embarrassé, puisqu'on y trouve tout à la fois le *Monotropa*, les *Hypéricées*, l'*Hipocratea*, le *Paris*, le *Coriaria*, etc. (Fam. II, p. 434 et suiv.). Il ne faut pas s'étonner par conséquent si M. Ant. Laur. de Jussieu ne fit aucune attention à l'arrangement d'Adanson, et s'il a laissé le *Sauvagesia* parmi les végétaux dont la place est incertaine. Il entrevit cependant ses véritables affinités; car il demande, à la suite de sa famille des *Cistes*, s'il ne faut pas rapprocher le *Sauvagesia* des *Violacées* (1). Après avoir étudié ce genre sur le frais, je confirmai (*Voyez* Mém. Mus., vol. III, pag. 215), il y a déjà plusieurs années, les rapports indiqués par Jussieu, et depuis par Dupetit-Thouars. Je montrai que, dans le *Sauvagesia* et dans le *Viola*, les feuilles étoient alternes et munies de stipules ciliées; que les fleurs étoient régulières dans le premier de ces genres comme dans le *Conohoria*; que, dans les *Violacées* et le *Sauvagesia*, le fruit, également capsulaire, s'ouvroit en 3 valves; que les étamines étoient en nombre déterminé, l'embryon droit, menu, à peu près cylindrique, placé dans l'axe d'un périsperme charnu, et enfin que la radicule étoit également tournée vers l'ombilic. Mais la famille des *Violacées*, qui ne faisoit

(1) Je n'écris ici *Violacées*, au lieu de *Violariées*, qu'après avoir consulté un grand nombre de botanistes, qui tous m'ont paru rejeter ce dernier nom, qu'on ne peut faire dériver du mot *Viola*. Il est vrai qu'en latin le mot *Violaceus* a une autre signification; mais cet inconvénient bien léger est commun à une multitude d'autres mots qui cependant ne donnent lieu à aucune amphibologie.

que commencer, lorsque je m'en occupai pour la première fois, s'est formée peu à peu; ses genres, comme je l'avois prévu, se sont groupés par enchaînement (Mém. plac., p. 38), et il n'est peut-être pas inutile de revenir sur les affinités que j'ai déjà indiquées, pour les faire mieux connoître, et pour résoudre quelques-unes des difficultés qui existent encore.

Le genre qui se rapprochera le plus du *Sauvagesia* sera incontestablement le *Lavradia*, puisque les caractères de la végétation sont les mêmes dans l'un et dans l'autre, et que ceux de la fleur offrent pour toute différence des pétales obovés ou ovales, des étamines linéaires ou elliptiques, une seconde corolle interne, polypétale ou monopétale, entourée de filets stériles ou bien nue; puisqu'enfin les caractères du fruit se nuancent de l'un à l'autre genre par des dégradations insensibles, et que la déhiscence de leur capsule est également septicide.

Un troisième genre que j'ai fait connoître dans l'*Aperçu de mon Voyage* s'unit intimement aux deux précédens; c'est le *Luxemburgia*. Ce genre, en effet, offre également des sous-arbrisseaux; les feuilles y sont de même alternes, relevées de nervures parallèles, bordées de dents calleuses, terminées par une petite pointe comme cela a lieu dans le *Lavradia glandulosa*, et enfin accompagnées de stipules ciliées. La corolle du *Luxemburgia* est également composée de cinq pétales hypogynes; les anthères sessiles s'ouvrent au sommet comme dans le *Sauvagesia*, et ont la face tournée en dehors comme celles de tous les *Lavradia* et *Sauvagesia*; l'ovaire est uniloculaire; les valves rentrent en dedans sans adhérer ensemble; les semences en nombre indéfini sont attachées à l'extrémité des valves rentrantes; enfin l'embryon est droit et entouré d'un périsperme charnu.

Voilà par conséquent trois genres, *Sauvagesia, Lavradia* et *Luxemburgia,* qui s'unissent d'une manière intime, et seront à jamais inséparables.

J'ai démontré ailleurs (Obs. Sauv. in Mem. Mus., vol. III, p. 215 et suiv.) que le *Sauvagesia* ne pouvoit être éloigné des *Frankeniées,* et qu'il étoit aussi très-voisin des *Violettes.*

D'un autre côté, dans mon premier *Mémoire sur le Placenta central* (p. 37 et suiv.), j'avois déjà fait sentir plus anciennement les rapports des *Violacées* et du *Frankenia,* et en adoptant cette dernière opinion, MM. de Candolle, Kunth et Sprengel (Ken. Gew., t. II, p. 828) lui ont donné une nouvelle force. L'ovaire du *Frankenia* est en effet uniloculaire comme celui des *Violacées;* leurs placentas sont également pariétaux, le fruit est capsulaire, et l'embryon également droit dans un périsperme charnu.

Je faisois observer, dans le mémoire que je viens de citer, qu'il y avoit à la vérité une grande différence de port entre le *Frankenia* et les *Violettes;* mais je puis dire aujourd'hui que le port qui a tant de valeur dans les familles en groupe (Mirb.), n'en a aucune dans celles par enchaînement, comme les *Violacées;* et, certainement, l'*habitus* de la *Violette odorante* ressemble encore plus à celui du *Frankenia* qu'au port du *Conohoria.*

Une différence bien plus réelle est celle de la déhiscence, septicide dans le *Frankenia,* et loculicide dans les *Violacées;* mais cette différence existe aussi entre les *Violacées* et le

Sauvagesia qui sont si voisins; donc, par cela même, celui-ci et le *Frankenia* s'unissent intimement, et comme je l'ai dit autrefois (Obs. Sauv. in Mem. Mus., vol. III, p. 220), une partie de l'intervalle qui existoit entre le *Frankenia* et les *Violacées* semble comblée par le *Sauvagesia*, et, de plus, aujourd'hui, par le *Lavradia* et le *Luxemburgia*. Je puis ajouter que les mêmes propriétés se manifestent dans les *Violacées* et les *Frankeniées*, puisque les nègres des environs de Rio-de-Janeiro mangent en *carourou* les feuilles mucilagineuses du *Conohoria lobolobo*, comme les nègres de Cayenne celles du *Sauvagesia erecta*.

Le mode de déhiscence restera pour différence principale entre les *Violacées proprement dites* d'un côté, et de l'autre les genres *Frankenia*, *Sauvagesia*, *Lavradia* et *Luxemburgia* qui formeront le groupe des *Frankeniées*. Nous allons bientôt montrer les différences qui existent encore; mais, procédant par gradation, achevons de faire connoître les *Frankeniées*.

Outre les rapports que j'ai indiqués entre ces plantes, je trouve encore un lien commun que je n'avois pas montré dans mes premiers mémoires. Les anthères du *Frankenia* ne sont point à la vérité immobiles, comme celles des *Sauvagesia*, *Lavradia* et *Luxemburgia*; mais, dans toutes les espèces de ces quatre genres, elles ont également *le dos tourné du côté de l'ovaire*.

Il est vrai que, dans plusieurs *Sauvagesia*, le bord séminifère des valves s'étend presque jusqu'au centre de la capsule, et il ne rentre point dans le *Frankenia*; mais il ne rentre pas davantage dans le *Sauv. tenella*, et j'ai fait voir que le fruit des *Sauvagesia* et des *Lavradia* offroit une foule de nuances diverses.

Une différence plus sensible se trouve dans les feuilles opposées ou 4-ternées et toujours connées du *Frankenia*, et les feuilles stipulées des trois genres *Sauvagesia*, *Lavradia* et *Luxemburgia*. Pour atténuer cette différence, je disois, dans mon *Mémoire sur le Placenta* (p. 38), que deux des feuilles des *Frankeniées* pouvoient se comparer à des stipules, comme deux des feuilles du *Galium cruciatum*, par exemple, semblent représenter les stipules intermédiaires des *Rubiacées* exotiques. Mais ceci change peu de chose à la difficulté, car, dans tous les cas, les feuilles des *Frankeniées* restent opposées. Il est plus conforme à l'analogie de montrer que, si le *Frankenia* a les feuilles opposées, un même genre de *Violacées*, l'*Ionidium*, comprend tout à la fois des plantes à feuilles alternes et d'autres à feuilles opposées, comme nous nous en sommes convaincus, M. Kunth et moi, lui par les plantes de M. de Humboldt, et moi par celles que j'ai recueillies au Brésil(1). Peut-être aussi sera-t-on tenté de trouver quelque léger rapport entre le bord membraneux et cilié du pétiole des feuilles des *Frank. lævis* et surtout *pulverulenta* et les stipules des autres *Frankeniées*.

Quoi qu'il en soit, on pourra, si l'on veut, trouver dans ce groupe deux sections, dont l'une, composée des genres *Sauvagesia*, *Lavradia* et *Luxemburgia*, se distinguera par *ses feuilles alternes à stipules ciliées et ses anthères immobiles*, et dont l'autre qui renferme un seul genre, le *Frankenia*,

(1) Linné l'avoit déjà observé plus anciennement.

sera caractérisée par *des feuilles connées et des anthères mobiles*. Si l'on vouloit aussi distinguer ces sections par des noms particuliers, on pourroit choisir ceux de *Sauvagesiées* et de *Frankeniées proprement dites;* mais je ne sais réellement si les différences qui existent ici sont assez importantes et assez nombreuses pour qu'on doive les rappeler par des dénominations spéciales.

A présent que nous avons formé le groupe des *Frankeniées*, voyons quelles sont les plantes qui doivent les suivre.

M. de Jussieu plaçoit autrefois le *Frankenia* à la suite des *Caryophyllées*, et je ne dois point oublier ce rapprochement, parce qu'il est bien rare qu'il n'y ait pas quelque chose de vrai dans les rapports indiqués par cet illustre observateur. Il est incontestable que les *Frankeniées* ont les feuilles disposées comme celles des *Caryophyllées*, un calice semblable à celui des 5e. et 6e. sections de cette famille, telle qu'elle est divisée dans le *Genera* de Jussieu, des pétales à longs onglets comme ceux du *Dianthus* et du *Lychnis*, enfin, à ces mêmes onglets, une duplicature qui n'est pas sans analogie avec celle des *Silene* et des *Agrostema*. Le *Frankenia* fait donc réellement le passage des *Violacées* aux *Caryophyllées* qui, elles-mêmes, se confondent presque avec les *Paronichyées*, comme celles-ci se rapprochent des *Portulacées*. Cette série que j'ai indiquée autrefois et qui a été adoptée par M. de Jussieu (in Mirb. elem., p. 856), semble d'autant plus nécessaire à conserver, que les familles dont il s'agit, étant placées sur la limite des Polypétales à étamines hypogynes et de celles à étamines périgynes, emprunteront de nouveaux rapports des anomalies que quelques uns de leurs espèces présentent dans l'insertion; et, par cela même, ces anomalies seront bien moins sensibles. Il n'y aura plus à s'étonner autant de rencontrer, comme j'ai fait au Brésil, des *Violacées* (1) à étamines périgynes, de voir dans le *Larbrea* les organes mâles insérés sur le calice, d'observer des pétales périgynes dans l'*Arenaria rubra*, et ensuite de retrouver une insertion hypogyne dans le *Talinum*; si, après les *Frankeniées* et les *Caryophyllées*, commence la série des familles où l'insertion est généralement périgyne, et que l'une des premières d'entre ces familles soit présisément celle qui offre des exceptions. Il est à remarquer en outre que le style du *Frankenia* est absolument celui des *Portulacées*, et, d'après l'arrangement dont il s'agit, les *Frankenia* doivent se trouver voisins des plantes de ce dernier groupe, parmi lesquelles est le *Talinum* hypogyne comme le *Frankenia*.

Je sais très-bien que l'illustre auteur de la *Théorie élémentaire* a mis un intervalle immense entre les *Caryophyllées* et les *Paronichyées* (Théor., p. 244 et suiv.); mais en même temps il faut observer que, d'un côté, il a laissé ces dernières près des *Portulacées*, et que, d'un autre côté, il range les *Caryophyllées* après les *Cistées* et les *Frankeniées*.

Ainsi il a conservé les rapports que j'indique, autant que le lui permettoit le plan qu'il s'étoit tracé; et ce plan consiste à ranger, pour la facilité de l'étude, les familles si nombreuses de la treizième classe de Jussieu, sous des titres communs

(1) Dans le *Noisettia*, l'*Ionidium* et mon nouveau genre *Spathularia*.

que fournissent un ou deux caractères tirés du nombre des pistils et de leur structure interne. Malgré les entraves que s'étoit données M. de Candolle, il a eu l'art de ménager les rapprochemens les plus heureux; mais la série linéaire qui présente déjà tant d'inconvéniens, court tellement le risque de devenir purement artificielle, pour peu qu'on veuille la soumettre à d'autres divisions qu'à celles indiquées par les étamines (1), que M. de Candolle s'est vu souvent forcé de négliger les titres qui distinguent ses *Cohortes*. Ainsi, c'est parmi les familles à placenta central qu'il a rangé les *Hypericées*, et l'on rencontre un grand nombre d'entre elles qui ont des placentas pariétaux; les *Rutacées* placées dans la cohorte à ovaire solitaire présentent plusieurs ovaires dans le *Zanthoxylum*, et la cohorte des carpelles solitaires ou soudées offre des familles, telles que les *Violacées*, les *Frankeniées* et les *Cistées*, où l'ovaire ne me paroît pas moins symétrique ni moins simple que dans les *Malpighiées* et dans les *Malvacées*.

Si M. de Candolle a éprouvé quelques embarras dans la formation de sa série, j'aurois tort de me plaindre d'en rencontrer également aujourd'hui. Ayant groupé les plantes qui doivent être placées entre le *Sauvagesia* et les *Portulacées*, je dois chercher naturellement à disposer celles qui, en sens contraire, se rattachent au même genre. Je trouve d'abord les *Violacées* et les *Cistées* qui ont, comme tout le monde sait, les plus grands rapports; j'hésite long-temps pour savoir lequel des deux groupes je placerai le plus près

(1) On a vu plus haut que l'insertion même étoit sujette à beaucoup d'exceptions.

des *Frankeniées*, mais je finis par donner la préférence aux *Cistées*, et voici sur quoi je me fonde.

Le port des *Cistées* et des *Frankeniées* présente moins de différence que celui de ces dernières et des *Violacées*, et plusieurs *Luxemburgia* en particulier ressemblent singulièrement aux *Cistes*. Les anthères dans les *Cistées*, les *Violacées* et la première section des *Frankeniées* sont également immobiles, et le filet est souvent très-court ou même nul dans les *Violacées* et la première section des *Frankeniées*; mais les *Frankeniées* ont toute la face de leur anthère tournée en dehors, tandis que les *Violacées* l'ont tournée du côté de l'ovaire, et si un très-grand nombre de *Cistées* ne diffère point en cela des *Violacées*, je trouve cependant une exception dans l'*Helianthemum guttatum* (1). Les *Violacées* ont toujours cinq étamines, et le *Sauvagesia* n'en a non plus que cinq fertiles; mais le *Luxemburgia* a le plus souvent des étamines en nombre indéterminé; et ces filets ordinairement très-nombreux qui existent dans le *Sauvagesia* au-dessus de la corolle inférieure ont, comme je l'ai prouvé, toute l'analogie possible avec les organes mâles (2). La déhiscence est, il est vrai, la même dans les *Violacées* et dans les *Cistées*; mais dans les premières, les placentas sont toujours appuyés immédiatement sur le péricarpe, tandis que chez les *Cistées*, je retrouve des modifications semblables à celles que j'ai signalées dans les genres *Sauvagesia* et *La-*

(1) Cette espèce est encore remarquable par son stigmate sessile, large et hérissé de glandes cylindriques. Il faudroit cependant se garder d'en faire un genre.

(2) On est frappé de la ressemblance de ces filets avec les étamines de plusieurs *Cistées*.

vradia, et cette même tendance à avoir un fruit à plusieurs loges (1). Ainsi, pour ne parler que du genre *Helianthemum*, M. de Jussieu a décrit sa capsule comme étant 1-loc. (Gen. 294); Adanson, comme étant tantôt uniloculaire et tantôt 3-loculaire, et dans la réalité on peut observer, je ne dirai pas seulement dans le fruit, mais dans les ovaires des plantes de ce genre, toutes les nuances possibles entre le placenta purement pariétal, comme dans les *Violettes*, et des loges parfaitement distinctes; nuances qui ne coïncidant avec aucun autre caractère, ne sauroient même donner lieu à aucune subdivision. Dans diverses espèces, telles que l'*Helianthemum mutabile*, une lame plus ou moins large s'étend entre le péricarpe et le placenta; chacune des lames dans l'*H. vulgare* occupe le sixième du diamètre de la loge; celles de l'*H. guttatum* en occupent le tiers, et comme les ovules n'auroient pas eu assez de place pour se développer entre les cloisons incomplettes au centre de la capsule, ils sont reportés vers le péricarpe par de longs cordons ombilicaux; les placentas de l'*Helianthemum salicifolium* au contraire sont aussi peu proéminens que chez les *Violettes* et le *Sauvagesia tenella*; dans l'*H. Lippii* si voisin du *vulgare*, les cloisons s'avancent jusqu'au centre, se rencontrent et se touchent sans contracter beaucoup d'adhérence; enfin, dans l'*H. lævipes*, l'adhérence des cloisons devient aussi intime qu'elle peut l'être.

Les rapports que je viens d'indiquer entre les *Cistées*

(1) J'ai observé les mêmes modifications entre mes quatre espèces de *Luxemburgia*, *speciosa*, *corymbosa*, *polyandra*, *octandra*, à la même tendance à avoir un fruit 3-loculaire.

et les *Frankeniées* ne sauroient, ce me semble, être compensés par la similitude de l'embryon dans ces dernières, et les *Violacées* où il est également droit; tandis qu'il est diversement courbé dans les *Cistées* et *avec une radicule et des cotylédons* qui, par une exception fort remarquable, *sont tournés en sens contraire de l'ombilic* (1). Je crois donc que, tout balancé, il faut, comme je l'ai dit, mettre les *Cistées* immédiatement avant les *Frankeniées*, et faire précéder les premières des *Violacées* (2).

On a proposé de partager ces dernières en deux sections : celles à fleurs régulières et celles à corolle inégale. Il n'y a pas sans doute de grands inconvéniens à admettre cette division; cependant j'observerai que, pour être conséquent, il faudroit aussi diviser la section des *Frankeniées* munies de stipules, puisque les pétales du *Luxemburgia* sont un peu inégaux; et que, d'un autre côté, mon genre *Spathularia* (3), qui vient immédiatement à côté du *Conohoria*, et en offre le port, a aussi un pétale un peu plus grand que les autres. L'égalité de la corolle a même si peu d'importance dans les

---

(1) Tel est du moins le caractère que j'ai reconnu dans les espèces où j'ai recherché la position relative de ces parties.

(2) L'arrangement que je propose aujourd'hui est le même à peu près que j'avois déjà ébauché, loin des livres et des objets de comparaison, dans mon mémoire sur le *Sauvagesia erecta*.

(3) *Spathularia*. N. Calyx parvus, 5-partitus. Petala 5 basi calycis inserta, eodemque multò longiora, unguiculata, spathulata, subinæqualia; unguibus longis in tubum conniventibus. Stamina 5, ibidem inserta; antheræ immobiles, anticæ, in mucronem membranaceum apice desinentes. Stylus 1. Ovarium liberum, 1-loc., polyspermum. Ovula placentis 3, parietalibus affixa. — Frutex. Folia alterna et opposita. Stipulæ valde caducæ. Flores subumbellati.

Violacées, et la tendance vers l'irrégularité y est telle, que dans ce même genre *Spathularia*, où les cinq pétales sont longs, entiers et terminés en spatule, j'ai vu quelquefois le pétale le plus grand s'échancrer en cœur, l'extrémité spatulée disparoître dans deux autres pétales, et, enfin, la corolle devenir à peu près celle des *Ionidium*.

Plusieurs auteurs ont proposé de rapprocher le *Drosera* des *Violacées*, et en effet leurs rapports sont très-sensibles, puisque le *Rossolis* a, comme les *Violettes*, des étamines et des pétales hypogynes au nombre de cinq et des semences en nombre indéterminé portées dans une capsule 1-loculaire sur le milieu des trois valves. Il faut ajouter encore que les anthères du *Drosera* sont immobiles, comme celles des *Frankeniées*, et qu'elles ont, comme ces dernières, la face tournée en dehors, et cependant les *Drosera* s'éloignent déjà un peu plus, ce me semble, des *Violacées* que les *Cistées* et les *Frankeniées*, parce qu'ils ont un style multipartite, que leur embryon se trouve rejeté à la base de la semence, et qu'enfin les stipules du *Drosera*, différentes de celles des *Violacées*, des *Cistées* et des *Frankeniées*, sont uniques à l'aisselle des feuilles dans les espèces à hampe, et qu'elles n'existent pas dans les espèces caulinaires.

Pour grouper les plantes qui se rapprochent le plus des *Sauvagesia* et des *Lavradia*, j'ai procédé, en avançant successivement sur deux lignes divergentes, à peu près d'après la méthode conseillée par Brown, et j'ai obtenu une série qui se compose d'abord des *Drosera*, des *Violacées*, des *Cistées*, des *Frankeniées*, et sera continuée par les *Caryophyllées*, les *Paronichyées* et les *Portulacées*. J'aurai formé ainsi un de ces vastes groupes qui comprennent des plantes à jamais inséparables et que cet illustre Anglais a appelés *classes*, nom qui est impropre sans doute, mais par lequel Brown n'a prétendu qu'indiquer des rapports plus intimes.

Dans la série que je viens de proposer, je n'ai point fait mention des *Linées*. Accoutumés à voir ces plantes à la suite des *Caryophyllées* de Jussieu (Gen. 303), nous avons de la peine à les en séparer; mais, excepté la forme de la fleur, presque tout diffère dans les deux familles. M. de Candolle me paroît avoir montré parfaitement une partie des rapports des *Linées*, en les plaçant auprès des *Malvacées* (Théor. p. 244), et M. Dumortier (Obs. bot., pag. 61) a, ce me semble, achevé d'indiquer les affinités de la famille dont il s'agit, lorsque, revenant à l'ancienne opinion de Linné (Phil. bot., p. 32), il range cette même famille près des *Oxalidées*.

Les *Drosera*, les *Violacées*, les *Cistées* et les *Frankeniées* qui composent le groupe, ou, si l'on veut, la *classe* que j'ai formée plus haut, doivent-ils être considérés comme des tribus d'une grande famille ou comme des familles distinctes? Je répondrai que pourvu qu'on laisse ces plantes les unes auprès des autres, il importe peu quel titre l'on choisisse; la solution de la question que je viens de proposer est en elle-même à peu près arbitraire, et lorsqu'il s'agit de choses aussi indifférentes, ce que les botanistes peuvent faire de mieux, c'est d'adopter aveuglément ce qu'ont fait ceux qui les ont précédés.

Après avoir montré les affinités des *Drosera*, des *Vio-*

lacées, des *Cistées* et des *Frankeniées*, etc., il ne sera peut-être pas inutile de passer en revue celles qu'on leur a supposées.

Je crois que tout le monde sent aujourd'hui combien peu sont fondés les rapports que Linné croyoit découvrir entre les *Violettes* et les *Lobélie*, et, par conséquent, il seroit superflu de revenir sur ce point.

Si un savant botaniste a proposé de mettre le *Sauvagesia* dans les *Capparidées*, cela tient uniquement à ce que, d'un côté, il avoit reconnu les rapports que j'ai indiqués entre ce genre et le *Drosera*, et que, d'un autre côté, il trouvoit le *Rossolis*, dans l'ouvrage de Jussieu, à la suite du *Cleome* et du *Capparis*; mais on connoît trop bien aujourd'hui les limites de la famille des *Capparidées*, pour qu'il soit nécessaire de démontrer que le *Drosera* s'éloigne de cette famille par son port, par le nombre des parties dont sa fleur est composée, l'ensemble de son pistil, et, enfin, par les caractères de la semence.

Dans son intéressant mémoire sur les *Violacées*, M. de Gingins place le *Lavradia* avec le *Conohoria*, et il range dans une autre tribu le *Sauvagesia* et le *Piparea*. Il n'est pas étonnant qu'il se soit trompé, comme Brown, sur le *Lavradia*, puisque ce genre n'étoit connu encore que par la description défectueuse de Vandelli; quant au *Piparea*, quelque idée qu'on se forme de ce genre (1), il est évident qu'il ne peut être placé auprès du *Sauvagesia*, car sa dé-

(1) Je pense actuellement, avec M. Kunth, que c'est auprès des *Bixinées* que doit être rangé le *Piparea*.

hiscence est celle des *Violettes*, et Aublet dit positivement, que les trois valves de la capsule sont partagées dans leur longueur par une côte saillante à laquelle sont attachées une, deux ou trois graines (Aub. sup., p. 31).

Les *Polygalées* sont un des groupes que l'on a rapprochés des *Violacées* et des *Frankeniées*. Je sais que les *Polygalées* ont des fleurs irrégulières comme les *Violettes*, qu'il y a aussi quelque ressemblance entre le stigmate de ces plantes, et qu'enfin, dans ces deux genres, l'embryon est également droit dans l'axe d'un périsperne charnu; mais ces ressemblances assez vagues, se retrouvant dans d'autres familles, ne me semblent établir aucun rapport bien intime entre les *Polygalées* et les *Violacées* (1); tout d'ailleurs me paroît différent dans ces plantes: les feuilles, la composition de la fleur, les étamines et leur nombre, l'ovaire, le fruit et l'extérieur de la semence. M. Brown indique, il est vrai, son genre

(1) M. de Gingins l'a parfaitement senti, puisqu'il ne fait de ces prétendus rapports que l'objet d'une question; et la lecture du texte de M. Kunth aura bientôt levé tous ses doutes, car il y aura vu que le *Monina pubescens* n'avoit point de stipule. Si deux des étamines de l'*Hybanthus Havanensis* ont une anthère 1-loc., il est clair, d'après la position latérale des loges subsistantes, que la disparition de l'autre n'est que le résultat de cette tendance aux avortemens que M. de Gingins a si bien observé dans les *Violettes* (Mém. Viol., p. 11), et qui paroît s'étendre à toutes les *Violacées*. Or il est bien clair que l'anthère terminale des *Polygala* n'a éprouvé aucun avortement quoiqu'uniloculaire; et parce qu'une loge avorte dans deux étamines d'un *Hybanthus*, il semble que ce n'est pas une raison pour compter pour double les étamines où il ne se manifeste aucun avortement. Au reste, en me rappelant les avortemens auxquels les *Violacées* sont sujettes, M. de Gingins a reporté mon attention sur la plante que j'avois appelée (Mém. du Muséum, vol. IX) *Ionidium indecorum*, et je lui dois d'avoir reconnu, après un nouvel examen, que cette plante n'est qu'une variété de l'*Ionidium Ipecacuanha*.

Hymenanthera comme ayant, par sa fleur, des ressemblances avec la *Violette*, et quelques rapports avec les *Polygalées* par son fruit qui est une baie 2-loculaire et disperme, à semences suspendues. Je ne connois pas, je l'avoue, de *Polygalées* où l'on trouve une véritable baie; cependant il n'est pas moins certain que l'*Hymenanthera* établit un point de contact entre les *Violacées* et les *Polygalées*, et c'est quelque chose sans doute. Mais beaucoup de genres ont tout à la fois des rapports avec plusieurs familles fort éloignées les unes des autres, et si, avant la découverte de l'*Hymenanthera*, les plantes de la famille des *Violacées* et celles de la famille des *Polygalées*, n'avoient, je suppose, aucune affinité, est-il bien certain que leur état respectif puisse avoir changé par cette découverte. M. Brown, en considérant avec juste raison son *Hymenanthera* comme intermédiaire entre les *Violacées* et les *Polygalées*, ne dit point en même temps qu'il faille mettre ces familles l'une à côté de l'autre, et les caractères de la semence paroissent avoir peu de valeur dans celle des *Polygalées*, puisque M. Kunth doute si les *Monina* qu'il a examinés ont un véritable périsperme, et que le *Securidaca* en est certainement dépourvu. Je sais que les racines de quelques *Polygalées* sont émétiques comme celles des *Violettes*; mais si les plantes d'une même famille présentent généralement des propriétés analogues, il n'en est pas moins vrai que des principes semblables se retrouvent souvent dans les végétaux les plus éloignés, et personne assurément ne songera à rapprocher des *Violettes* ou des *Polygala*, les *Rubiacées* dont un si grand nombre a des racines émétiques. Les *Polygalées* n'auroient-elles pas des rapports plus réels avec les

Sapindées par l'inégalité de leur calice dont deux divisions sont pétaloïdes, comme dans le *Schmidelia;* par leur corolle irrégulière; par leurs étamines au nombre de 8; par le nombre déterminé des ovules, enfin l'absence du périsperme dans le *Securidaca?* L'ovaire du *Polygala* ne ressemble-t-il pas à celui du *Schmidelia* ordinairement 2-loculaire et 2-sperme? N'a-t-il pas aussi quelque ressemblance avec celui du *Dodonæa?* Ne trouverons-nous aucun rapport entre le fruit de ces derniers et les capsules bordées d'une aile de plusieurs *Polygalées?* N'y auroit-il pas non plus une affinité singulièrement sensible entre la fleur de ces plantes et celle du *Trigonia*, et, dans ce cas, ne faudroit-il pas changer un peu la place de ce dernier, déjà rangé par M. Laurent de Jussieu si près des *Sapindées* (1)?

B. de Jussieu avoit placé, il y a déjà long-temps, le *Réséda* auprès des *Violacées* (Gen. LXVII), parmi les *Capparidées;* mais cette réunion paroît avoir eu pour tout fondement l'existence des placentas également pariétaux.

M. de Candolle a donné, ce me semble, une nouvelle preuve de sa sagacité, en mettant les *Polygalées* à côté du *Réséda*. Il est certain, en effet, que ces plantes ont des rapports par l'irrégularité de leurs fleurs et par leurs étamines déjetées d'un même côté et quelquefois soudées dans le *Ré-*

(1) Dans mon mémoire sur les *Vochisiées*, écrit au Brésil loin des bibliothéques (Mém. Mus.), j'attribue à M. de Jussieu l'idée de rapprocher les *Polygalées* des *Légumineuses;* mais, dans la réalité, cette idée appartient à Linné, et je reconnois aujourd'hui qu'elle n'a pas un très-grand fondement. Cela ne change rien, au reste, aux rapports que j'indique entre les *Vochisiées*, les *Salicariées*, les *Rosacées* et les *Légumineuses;* rapports sanctionnés aujourd'hui par l'autorité de M. de Jussieu.

séda, comme elles le sont dans les *Polygalées* (*V.* Tristan: Mem. Res. in Ann. Mus., vol. 18); peut-être le disque du *Réséda* et la glande du *Monina* ne sont-ils pas sans analogie; et enfin dans les loges 1-spermes du *Reseda sesamoïdes* les ovules, d'abord péritropes, deviennent bientôt, par l'inégalité des accroissemens, suspendus comme dans les *Polygalées*. On ne sauroit nier d'un autre côté que le *Réséda* ne présente non-seulement par ses placentas, mais encore par ses étamines nombreuses, son gynophore, son embryon certainement dépourvu de périsperme, ne présente, dis-je, des affinités très-réelles avec les *Capparidées*, comme l'ont très-bien senti Adanson, B. et Laurent de Jussieu et tant d'autres. Si, par conséquent, on laissoit les *Réséda* à la suite des *Capparidées*, qu'ensuite on plaçât les *Polygalées*, puis les *Sapindacées*, on ménageroit autant que possible la plus belle série qui peut-être ait été proposée jusqu'ici, celle de M. de Jussieu; et l'on conserveroit tout à la fois les rapports indiqués par lui, par son oncle, par M. de Candolle et par Adanson.

C'est au dernier de ces auteurs qu'est due l'idée de rapprocher les *Passiflorées* des *Violacées* (fam. II, p. 389 et suiv.). Il y a sans doute des affinités entre ces plantes; il y en a plus que jamais à présent surtout que M. Kunth et moi nous avons trouvé des *Violacées* périgynes; et l'on ne sauroit nier non plus que, malgré la différence d'insertion, la nature des filets du *Sauvagesia* n'ait quelque analogie avec celle des couronnes frangées du *Passiflora*. Mais la série linéaire ne sauroit conserver tous les rapports, et il faut nécessairement qu'en la formant, on sacrifie quelques affinités pour conserver les plus importantes. Si des *Noisettia* et le *Spathularia* ont des étamines périgynes, c'est simplement par exception, et je crois avoir démontré que, dans les *Passiflorées* (Mém. Cucurb., p. 21 et suiv.), les étamines émanent du calice; qu'elles sont continues avec sa substance, et par conséquent toujours périgynes; que ces plantes se lient aux *Loasées* par l'intermédiaire du *Turnera*, du *Malesherbia*, du *Deïdamia;* et que par conséquent elles restent ainsi voisines des *Cucurbitacées* qui touchent aux *Combrétacées* et aux *Onagraires.* Ces idées que j'ai développées avec détail, il y a déjà plusieurs années, ont depuis acquis un nouveau poids par la sanction que M. Brown leur a donnée, du moins dans ce qu'elles ont de plus important (Congo. 19 et suiv.), car cet illustre botaniste dit que les *Passiflorées* ne lui paroissent pas aussi voisines des *Violettes* qu'on l'avoit cru et que leurs étamines sont différentes; enfin, il les rapproche des plantes qui ont l'insertion évidemment périgyne et paroît reconnoître les rapports incontestables qu'elles ont avec les *Samydées.*

Il me reste à parler encore de quelques genres sur lesquels a varié l'opinion des auteurs, et qui ne sont point sans rapports avec le groupe étendu que j'ai formé en particulier avec les *Drosera.*

En indiquant une famille des *Droseracées*, M. de Candolle paroît avoir pensé que plusieurs genres devoient se grouper autour du genre *Drosera*; car ce seroit s'écarter de l'heureuse métaphore qui a introduit le nom de *famille* dans l'histoire naturelle que de l'appliquer à un genre unique. Mais quels sont les genres qui doivent s'unir aux *Drosera?*

Le *Drosophyllum*, qui autrefois faisoit partie de ce genre, se présente d'abord, non-seulement à cause de la similitude de son port et de ses feuilles glanduleuses, mais aussi à cause de ses anthères dont la face est tournée en dehors comme dans le *Drosera*. Cependant quand j'ouvre sa capsule, je ne puis m'empêcher d'être surpris des différences que j'observe entre elle et le fruit des *Rossolis*. Dans le *Drosophyllum*, en effet, je trouve d'abord cinq valves; je ne vois plus de placentas pariétaux; enfin les semences, comme je l'ai répété autrefois d'après Link et Tristan (Mém. Plac., p. 40), et comme je l'ai moi-même vérifié depuis, les semences, dis-je, sont attachées à un placenta central cylindrique et très-court, par l'intermédiaire de cordons ombilicaux fort longs et dressés. Il me paroît incontestable que ce placenta n'a jamais tenu à la paroi du péricarpe, et j'ai même aperçu à son centre une très-petite pointe par le moyen de laquelle l'analogie sembleroit indiquer qu'il se rattachoit autrefois au sommet de la loge, ainsi que cela a lieu dans les *Caryophyllées* uniloculaires. Sans doute il faudra rechercher soigneusement ces caractères dans des ovaires encore frais; mais quelques phénomènes qu'on y découvre, il n'en est pas moins certain que la capsule du *Drosophyllum* est celle des *Caryophyllées* et non des *Drosera*. Cependant cette différence singulière n'empêche pas les autres rapports, et notamment ceux de la semence, de subsister toujours. M. Turpin et moi nous avons vu dans le *Drosophyllum* (Mém. Plac., p. 41), un embryon fort petit, conique, droit, appliqué par ses cotylédons contre la base d'un périsperme charnu avec une radicule tournée vers l'ombilic, et j'ai autrefois retrouvé absolument les mêmes caractères dans le *Drosera rotundifolia*.

En observant aussi dans leur *D. longifolia* un embryon droit, extrêmement petit, placé à la base de la graine avec une radicule dirigée vers le hile, Gærtner et M. Kunth ont vu en même temps cet embryon entouré partout d'un peu de périsperme, et c'est également ce que j'ai retrouvé dans une espèce Brasilienne (*Drosera villosa*). Sans doute il y a ici une différence; mais il est facile de voir qu'elle est bien foible, car on conçoit que cette légère portion de périsperme qui entoure l'embryon dans les *D. longifolia* et *villosa* peut aisément s'oblitérer dans d'autres espèces. Reconnoissons donc que le *Drosophyllum* ne sauroit être séparé du *Drosera;* regardons-le comme une preuve nouvelle de la nécessité de ne pas beaucoup éloigner les *Violacées*, les *Frankeniées*, les *Cistées* et les *Droseracées* des *Caryophyllées;* et enfin concluons encore de tout ce qui vient d'être dit, que les caractères du fruit n'ont pas toujours cette haute valeur qui leur est attribuée, mais que leur importance varie dans les diverses familles, comme celle de tous les autres caractères (1).

En demandant si le *Drosera* ne devoit pas être, avec le *Sauvagesia*, réuni aux *Violettes*, M. de Jussieu faisoit autrefois la même question pour le *Dionæa.* C'étoit par cela même faire pressentir des rapports entre ces derniers et le *Drosera;* mais ces rapports vont devenir bien plus sensibles

(1) D'après des synonymies fausses ou obscures, j'avois soupçonné autrefois (Mém. Plac.) que le *D. cistoïdes* pouvoit être congénère du *Drosophyllum.* Il est bien vrai qu'il offre six styles ou un style 6-partite comme ce dernier, mais son ovaire contient trois placentas pariétaux, comme celui des autres *Drosera*, et ses étamines ne sont qu'au nombre de cinq.

à présent que nous connoissons le fruit du *Drosophyllum* qui, comme je l'ai prouvé, ne sauroit être séparé des *Rossolis*. Je n'ai rien à ajouter à ce que les auteurs ont dit de la fleur du *Dionæa*; je n'ai pu même y observer la position des anthères, qui est si importante dans les *Droseracées*; mais ce que j'ai vu, c'est que les valves de la capsule qui est uniloculaire, sont aussi peu seminifères que celles du *Drosophyllum*, et que les graines ovoïde-pyriformes, noires, lisses et luisantes sont enfoncées par leur petit bout dans les cavités d'un réceptacle discoïde, hémisphérique, charnu, alvéolaire, qui occupe le fond de la loge. Le *Dionæa* a donc déjà beaucoup de rapports par sa capsule avec le *Drosophyllum*; mais on va voir qu'il en a davantage encore par sa semence. A la vérité j'ai trouvé un périsperme farineux dans le *Dionæa*, tandis que celui du *Drosophyllum* et des *Rossolis* est charnu; mais, comme dans le *Drosophyllum*, le périsperme du *Dionæa* est fort grand; l'embryon est extrêmement petit, droit et conique; les cotylédons sont épais, tronqués et appliqués contre la base du périsperme qui les dépasse; et enfin, si l'on excepte le point où celui-ci est rencontré par le sommet des cotylédons, le reste de l'embryon est partout ailleurs immédiatement revêtu par le tégument intérieur (1). D'après tout ceci, il est clair que le *Dionæa* ne sauroit être séparé du *Drosophyllum*, comme celui-ci ne peut l'être non plus du *Drosera*. Voilà donc trois genres qui entreront irrévocablement dans le groupe des *Droseracées*, et

(1) Il existe deux tégumens dans le *Dionæa muscicapa*, l'extérieur crustacé, l'intérieur membraneux.

le principal lien commun sera un *embryon fort petit, droit, rejeté à la base du périsperme, mais intraire ou extraire* (Rich.).

Nous allons bientôt avoir de nouvelles preuves du peu de valeur de la structure du fruit dans les *Droseracées*, et nous verrons même que les caractères de la graine n'ont pas chez elles une parfaite constance. Personne ne pensera au *Drosophyllum*, sans se rappeler, comme M. de Jussieu (Gen. p. 426), le *Roridula* qui a le port, les feuilles et les cils de la plante du Portugal. Ce genre a en outre, comme le *Drosera*, cinq pétales et cinq étamines, et ces dernières, malgré les singularités qu'elles présentent, tendent encore à rapprocher les deux genres. En effet, dans les anthères du *Roridula*, le connectif se prolonge en une expansion ridée, charnue, semi-ovoïde, qui, du côté du dos de l'anthère, offre une cavité; c'est dans cette cavité que va se rattacher l'extrémité du filet courbé en hameçon, et, si l'anthère est mobile comme celle du *Drosera*, elle a également sa face tournée en dehors, caractère qui est ici, comme je l'ai déja fait remarquer, d'une haute importance, puisque nous le retrouvons non-seulement dans tous les *Drosera*, mais encore dans toutes les *Frankeniées*. Cette même anthère offre encore un autre caractère qui lui est commun avec le *Luxemburgia*, le *Sauvagesia* (1) et plusieurs *Violacées*; elle s'ouvre au sommet par deux pores. Voilà assez de motifs sans doute pour qu'on ne puisse pas songer à éloigner le *Roridula* du *Rossolis* et

(1) On ne peut pas dire précisément que les anthères du *Sauvagesia* s'ouvrent par des pores; mais au moins l'ouverture ne s'étend pas jusqu'à la base.

autres groupes voisins ; mais, comme je l'ai annoncé, nous trouverons dans le pistil de nouvelles différences ; car ici le style est unique et simple, l'ovaire oblong et hexagone est à trois loges dispermes, et les ovules sont oblongs et suspendus (1). La semence n'est pas non plus organisée comme dans les *Drosera* ou les *Dionæa*; mais elle ressemble beaucoup à celle des *Sauvagesia*, car, chagrinée comme elle, elle offre aussi un embryon droit dans l'axe d'un périsperme charnu (V. Gært. Fruct. 298, t. 62) (2). Je retrouve au reste la déhiscence loculicide du *Drosera* dans le *Roridula* (3), puisque, dans ce dernier, les trois valves de la capsule emportant avec elles sur leur milieu les cloisons assez minces, les détachent ainsi de l'axe triangulaire.

Un genre plus embarrassant encore, le *Parnassia*, avoit été placé par Adanson auprès du *Sauvagesia* dans sa famille des *Cistes;* et il l'avoit été par M. de Jussieu à la suite des *Capparidées*, auprès du *Drosera*. Ces deux manières de voir

---

(1) Dans une des loges de l'ovaire que j'ai examiné, je n'ai trouvé qu'un ovule, et la troisième étoit vide ; mais il est clair que cette irrégularité n'est que le résultat d'un avortement.

(2) Gærtner dit que les semences sont attachées au bas de l'axe central et que la radicule est inférieure. L'examen que j'ai fait de l'ovaire, et dont j'ai indiqué plus haut les résultats, prouve que tout ceci est une erreur. Ne seroit-on pas en droit de conclure de là qu'il sera nécessaire de revoir les caractères de la semence, et que peut-être ils seront moins éloignés que ne l'a dit Gærtner, de ceux du *Drosera*.

(3) Je sais très-bien que, pour parler rigoureusement, il ne faudroit pas dire qu'il y a *déhiscence loculicide* dans les capsules uniloculaires; mais il n'est pas de botaniste un peu instruit qui ne sente que, lorsque les valves d'une capsule uniloculaire portent les placentas dans leur milieu, la déhiscence ne puisse être dite *loculicide* par analogie, comme elle peut être dite *septicide* quand les graines sont attachées au bord des valves (V. Rich. An. fr.).

tendent à se confirmer mutuellement, puisque le *Drosera* et le *Sauvagesia* sont actuellement placés l'un auprès de l'autre. Mais nous les avons tirés tous les deux des *Capparidées;* le *Parnassia* les suivra-t-il? Il n'a réellement rien du *Facies* de cette dernière famille; et il ne paroît pas s'éloigner autant de celui des *Droseracées,* ou du moins il en montre à peu près les habitudes. Les divisions de son calice, ses pétales et ses étamines sont au nombre de 5 et non de 4, comme cela arrive le plus ordinairement aux *Capparidées.* Ces corps ciliés qui, chez le *Parnassia,* alternent avec les étamines, semblent avoir quelque analogie avec les filets du *Sauvagesia.* La capsule n'est point portée sur un long gynophore comme dans les vraies *Capparidées.* Elle est certainement uniloculaire comme celle des *Drosera* et des *Capparidées,* mais elle n'est point à 2 valves; elle en a le plus souvent quatre et quelquefois trois, ainsi que celle des *Violacées*, des *Frankeniées* et des *Drosera*; et sa déhiscence est loculicide comme dans ce dernier genre, puisque chaque valve porte dans son milieu une cloison incomplète et très-courte, terminée par un placenta arrondi. La semence a la ressemblance la plus frappante avec celle du *Drosera rotundifolia;* car la partie à laquelle ce nom appartient proprement et qui est extrêmement menue se trouve placée dans les deux plantes au milieu d'une enveloppe membraneuse dont elle n'occupe que le quart. A la vérité, l'embryon du *Parnassia palustris* (1) est dépourvu de périsperme comme dans les *Capparidées,* mais il est droit comme celui des

(1) C'est la seule espèce du genre sur laquelle j'aie fait des observations.

Drosera (1). Enfin les anthères du *Parnassia ont la face tournée en dehors* (2), et ce caractère, je le répète, a ici une très-grande importance, puisqu'il ne varie pas dans les *Droseracées*. Je ne dirai pas, si l'on veut, que le *Parnassia palustris* est une *Droseracée;* mais je ne vois pas de plantes dont il s'éloigne moins que les *Drosera*, et tout le monde sait que les genres qu'il faut nécessairement placer les uns auprès des autres n'ont pas toujours des rapports égaux dans les diverses familles.

Après avoir fait connoître dans le plus grand détail les *Droseracées*, les *Violacées*, les *Cistées* et les *Frankeniées*, il ne sera pas inutile de les distinguer entre elles par leurs caractères essentiels, et je tracerai ces caractères de la manière suivante :

Droseracées. *Étamines en nombre indéfini. Anthères le plus souvent immobiles, dont la face est tournée en dehors. Semences attachées à la paroi du péricarpe ou au fond de la loge. Déhiscence loculicide, quand les placentas sont pariétaux. Embryon le plus souvent très-*

---

(1) La semence proprement dite est rousse, cylindrique, arrondie aux deux extrémités, à peine un peu plus grosse du côté de l'ombilic, munie du même côté d'une petite pointe, placée vers le centre d'une enveloppe membraneuse, également rousse, de consistance lâche, dont elle n'occupe que le quart, et qui la fait paroître irrégulière, comme chiffonnée, semblable à de la sciûre de bois. L'ombilic est placé à l'une des deux extrémités du grand diamètre de la semence. Le tégument propre est membraneux. L'embryon dépourvu de périsperme est droit, à cotylédons très-courts, obtus, à radicule plus épaisse que les cotylédons, et cinq fois plus longue qu'eux.

(2) Les cinq étamines sont réellement insérées sous l'ovaire ; mais du côté intérieur, leur base adhère avec la sienne. Il n'est donc pas exact de dire, avec l'illustre M. Richard, que l'étamine est insérée sur le corps même de l'ovaire.

petit, droit, conique, rejeté à la base du périsperme. Radicule tournée vers l'ombilic. Stipules axillaires ou nulles.

Violacées. *Étamines en nombre défini. Anthères immobiles, dont la face est tournée vers l'ovaire. Placentas pariétaux. Déhiscence loculicide. Embryon droit, cylindrique, placé dans l'axe du périsperme. Radicule tournée vers l'ombilic. Stipules latérales.*

Cistées. *Étamines en nombre indéfini. Anthères immobiles, ayant presque toujours la face tournée vers l'ovaire. Placentas axilles ou pariétaux. Déhiscence loculicide. Embryon diversement courbé et entouré de périsperme. Radicule et Cotylédons, tournés en sens contraire de l'ombilic* (1). *Stipules latérales ou nulles.*

Frankeniées. *Étamines en nombre défini ou indéfini. Anthères mobiles ou immobiles, ayant la face tournée en dehors. Déhiscence septicide. Embryon droit, cylindrique, placé dans l'axe du périsperme. Radicule tournée vers l'ombilic. Stipules latérales ou nulles.*

Peut-être est-on étonné de ce qu'après avoir dit autrefois que le genre *Sarothra* (Mem. Plac.) devoit entrer dans le groupe des *Frankeniées*, je ne fasse aujourd'hui aucune mention de ce genre. Je fondois le rapprochement que je rappelle ici sur les graines de la plante qui sont attachées sur le bord des valves et contiennent, suivant Gærtner, un embryon droit dans l'axe d'un périsperme charnu. Déjà, dans mes observations sur le *Sauvagesia*, je reconnus qu'il exis-

(1) C'est au moins, comme je l'ai dit, ce que j'ai remarqué dans les espèces où j'ai observé ce caractère.

toit des *Hypericum* à capsule uniloculaire et à placentas pariétaux, et il en est réellement une foule qui se trouvent dans ce cas. Il ne restoit donc plus que l'existence d'un périsperme pour distinguer le *Sarothra*; mais comme on sait aujourd'hui qu'il existe de véritables *Hypéricées* munies d'un périsperme, cette différence disparoît encore, et, d'ailleurs, ce que j'ai vu dans des graines imparfaitement mûres du *Sarothra* m'inspire, je l'avoue, quelques doutes sur l'exactitude de la description de Gærtner. Le *Sarothra* a comme les *Hypericum* un ovaire terminé par trois sommets, dont chacun est surmonté d'un style; la forme de la semence et ses enfoncemens rappellent beaucoup plus les graines du *Millepertuis* que celles des *Frankeniées*; enfin, ce qui achève de décider la question, c'est que les anthères ont la face tournée du côté de l'ovaire, comme dans les *Hypericum*, et non leur dos, comme dans les *Frankeniées*, et, par conséquent, me réunissant à André Michaux (*V*. Fl. Bor. Am. II, p. 78), je ne dois plus voir dans le *Sarothra* autre chose qu'un vrai *Millepertuis*.

§ VI.

Descriptions.

SAUVAGESIA. Lin. Jus.

Calyx profundè 5-partitus, patentissimus, persistens, in fructu clausus. Petala exteriora 5, hypogyna, æqualia, patentissima, obovata, decidua. Fila inter corollam exteriorem interioremque intermedii, hypogyni, indefiniti, vel definiti et tunc cum petalis alternantes, iisdem breviores, apice dilatati, persistentes. Petala in-

Tab. 1. SAUVAGESIA racemosa.

[INT]ERIORA 5, hypogyna, exterioribus opposita, erecta, in tubum conniventia, marginibus invicem incumbentia, persistentia. STAMINA 5, hypogyna, cum petalis exterioribus interioribusque alternantia : filamenta brevissima, corollæ interiori basi adhærentia. ANTHERÆ basi affixæ, immobiles, posticæ, lineares, 2-loculares, apice lateraliter dehiscentes. STYLUS terminalis, teres, erectus, persistens. STIGMA obtusum, vix manifestum. OVARIUM superum, 1-loculare, polyspermum. CAPSULA calice, filis, petalis interioribus staminibusque persistentibus vestita, sæpiùs oblonga vel ovato-oblonga acuta et 3-loba, rarissimè (in *S. tenella*) ovata et obtusiuscula, plùs minùsve profundè 3-valvis, supernè vacua. SEMINA 2-seriata, minuta, favoso-scrobiculata : integumentum crustaceum : umbilicus terminalis. PERISPERMUM carnosum. EMBRYO rectus, axilis : radicula ad umbilicum spectans, cotyledonibus longior.

SUFFRUTICES glaberrimi, rarissimè herbæ. FOLIA simplicia, brevissimè petiolata, aut raro planè sessilia. STIPULÆ laterales, geminæ, ciliatæ, persistentes. FLORES axillares, aut racemosi terminales et tunc bracteati, albi vel rosei aut subviolacei. PRÆFLORATIO contorta.

1. SAUVAGESIA RACEMOSA † (1). Tab. I.

S. caule suffruticoso, subsimplici; foliis oblongo-ellipticis vel ovato-ellipticis aut ovalis, acutiusculis, dentatis; stipularum ciliis crispis; racemo terminali, subsimplici; laciniis calycinis acutis, corollâ brevioribus; filis numerosis.

RADIX fibrosa. CAULIS suffruticosus, sesqui-2-pedalis, simplex aut raro ramosus, erectus, glaber. FOLIA alterna, stipulata, subsessilia, 8-15 l. longa, oblongo-elliptica vel ovato-elliptica aut ovata, acutiuscula, dentata, utrinquè margine calloso-elevata, subcoriacea, glabra; nervo medio proeminente; venis lateralibus approximatis, parallelis. STIPULÆ laterales, geminæ, lineari-lanceolatæ, acutæ, striatæ, marginibus membranaceæ, laciniato-ciliatæ; ciliis crispis. RACEMI terminales,

(1) Le signe † indique les espèces nouvelles.

sæpiùs simplices, rarò basi compositi, sessiles, vel breviter pedunculati. FLORES pedicellati, bracteati, 1-6 in axillis bractearum: bracteæ foliis conformes, stipulatæ, a basi racemi usquè ad apicem gradatìm minores, interdùm nullæ. PEDICELLI inæquales, filiformes, recti, glabri. CALYX profundè 5-partitus, subinæqualis, patulus, in fructu clausus, rubescens vel subviolaceus; laciniis ovatis, acutis, margine membranaceis, breviter acuminatis. PETALA EXTERIORA 5, hypogyna, cum divisuris calycinis alternantia, iisdemque longiora, patula, recurva, obovata, acutiuscula, latè unguiculata, integerrima, glaberrima, carnea vel rosea, decidua. PETALA INTERIORA 5, erecta, marginibus incumbentia, in tubum conniventia, ovato-oblonga vel elliptico-ovata, obtusa, apice denticulata, petalis exterioribus opposita, glaberrima, rubella vel purpureo-violacea seu atropurpurea aut violaceo carneoque variegata, externè cincta filis indefinitis, iisdem basi coalitis, inæqualibus, clavatis vel spathulatis, brevibus, purpureo-violaceis vel atropurpureis. STAMINA 5, cum petalis exterioribus interioribusque alternantia : filamenta brevissima, petalis interioribus basi coalita : antheræ basi affixæ, immobiles, posticæ, lineares, fuscæ, 2-loculares, ab apice usquè ad medium lateraliter dehiscentes. STYLUS gracilis, glaber. STIGMA terminale, obtusum. OVARIUM ovatum, 3-gonum, breve, 1-loc., polyspermum: ovula placentis 3 parietalibus affixa, ex angulis ovarii ortis. CAPSULA calyce, petalis interioribus, filis staminibusque persistentibus cincta, ovata, acuta, 3-loba, glabra, usquè ad medium 3-valvis et vacua; valvulis infra medium introflexis, sed usquè ad centrum non productis, extremitate seminiferis, imâ basi tantummodò coalitis, loculamentaque 3, brevissima, vix manifesta constituentibus. SEMINA 2-seriata, minima, rotundo-elliptica, utrinquè obtusa, vix manifestè favoso-scrobiculata. INTEGUMENTUM crustaceum. PERISPERMIUM carnosum. EMBRYO rectus, axilis, longitudine ferè perispermi, teres, utrinquè obtusus; cotyledones radiculâ triplò breviores, subangustiores.

A. 1. A. 2. B. 1. B. 2.

Blanchard del.

Tab. II. A. SAUVAGESIA sprengelii. Tab. II. B. S. rubiginosa.

Var. β. nana; caule digitali; foliis minoribus.

In pascuis humidis vel paludosis provinciarum *Sancti Pauli* et *Minas-Geraes* non infrequens; circiter alt. 1500-2000 ped. Floret Decembre-Maio.

2. SAUVAGESIA SPRENGELII. Tab. II, A.

S. erecta *Spreng. Endek.* 1, p. 296. *Excl. syn.* (1).

S. caule suffruticoso erecto, vix ramoso; foliis parvis, lanceolatis, acutis, remotiusculè serratis; racemo terminali; calycinis laciniis inæqualibus, obtusissimis, corollâ brevioribus; filis numerosis.

CAULIS suffruticosus, spithameus, erectus, simplex aut basi vix ramosus, glaber, nigrescens. FOLIA alterna, stipulata, brevissimè petiolata, conferta, subpatentia, 3-5 l. longa, 1-2 lata, lanceolata, acuta, remotiusculè serrata, lineatìm venosa, margine subtùs callosa, glabra. STIPULÆ laterales, geminæ, erectæ, cauli adpressæ, angustæ, plumoso-ciliatæ, rubiginosæ. Racemus terminalis, breviter petiolatus, 1-2 pol. longus. PEDICELLI 2-4, terni, rarissimè solitarii, 3-5 l. longi, erecti, capillares, glabri, inæquales, e fasciculo bractearum enati inæqualium, quarum exterior ovato-lanceolata, acuta, rarè serrata, cæteræ multò minores, integerrimæ. CALYX 5-partitus; laciniis ovatis, obtusissimis, apice dentato-ciliatis, concavis, glabris, purpurascentibus; 2 interioribus manifestè majoribus. PETALA EXTERIORA 5, hypogyna, obovata, obtusissima, latè unguiculata, patentissima, decidua. PETALA INTERIORA 5, erecta, marginibus incumbentia, in tubum conniventia, lineari-spathulata, obtusissima, subretusa, externè cincta filis indefinitis, brevibus,

---

(1) Je ne cite point ici le nom sous lequel M. Richard avoit indiqué cette espèce dans son herbier, parce que les noms que le voyageur joint ainsi à ses plantes, à mesure qu'il les découvre, sont rarement ceux qu'il adopte définitivement. Je dois d'autant plus m'abstenir ici de citations de ce genre que j'ai entendu M. Richard lui-même s'en plaindre avec raison comme d'un abus de confiance.

apice subreniformibus, dispositis in fasciculis 5 cum petalis exterioribus interioribusque alternantibus. STAMINA 5, glaberrima, cum petalis interioribus alternantia, iisdemque ferè duplò minora : filamenta brevissima, basi petalorum infernè adnata : antheræ basi affixæ, immobiles, posticæ, lineares, angustæ, apice paululùm attenuatæ, 2-loculares, apice lateraliter dehiscentes, glabræ. STYLUS cylindricus, gracilis, rectus, glaber, persistens. STIGMA terminale, vix manifestum. OVARIUM glabrum. CAPSULA calice, filis, corollâ interiore staminibusque persistentibus cincta, ovato-oblonga, acuta, 3-loba, glabra, omninò unilocularis, tertiâ parte superiore 3-valvis et vacua; valvulis inferiùs introflexis, seminiferis, parte introflexâ latâ, nec tamen usquè ad centrum productâ, et extremitate non revolutâ. SEMINA 2-seriata, ovato-rotunda, favoso-scrobiculata, fusco-nigrescentia.

Var. β. gracilis; caulibus gracilioribus longioribusque; foliis angustioribus, minùs confertis; racemis depauperatis; pedicellis brevioribus, bracteisque subsolitariis.

Crescit in pratis *Guayanæ* (Rich.); in *Brasiliâ* (Spreng.). Floret Maio (Rich.).

5. SAUVAGESIA RUBIGINOSA. † Tab. II, B.

S. caule suffruticoso; foliis lanceolatis, angustis, utrinquè acutis, serratis; floribus terminalibus, racemoso-spicatis, bracteatis; laciniis calycinis vix inæqualibus, oblongis, acutis, corollâ exteriori longioribus; filis numerosis.

SUFFRUTEX erectus vel decumbens, densè ramosissimus (Rich. herb.), quandoquè simplex, 1½-2-pedalis, glaber; cortice nigrescente; ramis erectiusculis. FOLIA alterna, stipulata, brevissimè petiolata, patentia, 6-15 l. longa, lanceolata, angusta vel lineari-lanceolata, utrinquè acuta, serrata, subtùs margine callosa, lineatìm venosa, glabra. Stipulæ membranaceæ, confertissimæ, cauli adpressæ, lineari-subulatæ, valdè plumosæ, rubiginosæ. FLORES terminales, racemo-

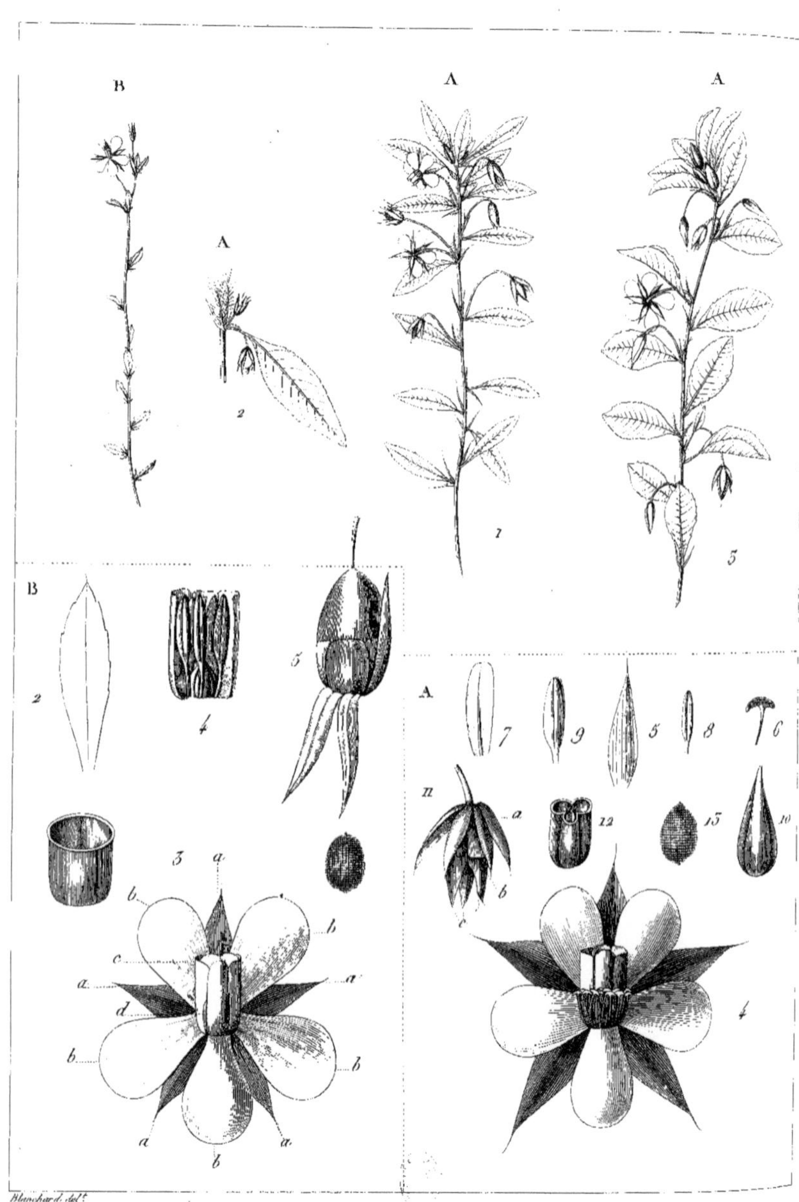

Blanchard del.t

Tab. III. A. SAUVAGESIA erecta. Tab. III. B. SAUVAGESIA tenella.

so-spicati, bracteati, pedicellati, in axillis bracteorum sæpiùs bini, rariùs terni vel solitarii. Pedicelli breves, inæquales, sæpiùs erecti, capillares, glabri. Calyx 5-partitus, inæqualis, glaber, rubiginosus, patentissimus, in fructu clausus; laciniis oblongis, acutis, apice subciliatis. Petala exteriora 5, hypogyna, cum laciniis calycinis alternantia, iisdemque breviora, obovata, obtusiuscula, unguiculata. Petala interiora 5, erecta, marginibus incumbentia, in tubum conniventia, linearia, obtusa, exterioribus opposita, iisdemque subæqualia, externè cincta filis numerosis, capillaribus, tenuissimis, apice subreniformibus. Stamina 5, hypogyna, glabra, cum petalis interioribus exterioribusque alternantia : filamenta brevissima, basi corollæ interioris infernè adnata : antheræ basi affixæ, immobiles, posticæ, longiusculæ, lineares, angustæ, 4-gonæ, acuminatæ. Stylus teres, gracilis, glaber, basi subattenuatus, persistens. Stigma terminale, submanifestum. Ovarium glabrum. Caps. non mihi videre licuit.

Inter *S. Springelii* et *S. erectam* intermedia; huic autem affinior.

Crescit in pratis siccis *Guayanæ* (Rich. Herb.), in *Brasiliâ* (Herb. Mus. Par.).

Var. β. luxurians; foliis minùs angustis; bracteis majoribus foliisque magis conformibus.

Crescit in pratis humidis *Guayanæ* (Rich. Herb.).

4. Sauvagesia erecta. Tab. III, A.

S. caulibus suffruticosis, sæpiùsque ramosis, procumbentibus vel erectis; foliis lanceolatis, utrinquè acutis, serrulatis; floribus axillaribus, solitariis, geminis et ternis, sæpiùs nutantibus; laciniis calycinis ovato-oblongis, acutis, corollâ paulò longioribus; filis numerosis.

Gratiola Helxinoïdes; folio glabro, leviter serrato, cum caule piloso et rubro; herba ophthalmica; *Sur. herb.* — *Vaill. herb.*

Iron herbaceus minor; foliis oblongis, tenuissimè crenatis; stipulis ciliatis; floribus singularibus ad alas. *Pat. Brown. Jam.* 179, *t.* 12, *f.* 2.

Sauvagesia erecta, *Lin. Sp.* 1. *ed. p.* 241. — 2. *ed. p.* 294. —*Jaq. Am. p.* 77, *t.* 51, *fig.* 3. — *Wild. Sp.* 1, *p.* 1185. — *Ruiz et Pav. Flor. Per.* III. *p.* 11. —*Aug. St.-Hil. Obs. Sauv. in Mem. Mus.* III, *p.* 215. —*Kunth Nov. gen.*, V, *p.* 389.

S. erecta *et* Adima, *Aub. Guy.* 1, *p.* 252, 3, 4, 5, *t.* 100, *fig.* a *et* b. —*Lam. Ill.* II, *p.* 119, *t.* 140, *fig.* 1 *et* 2.

S. erecta *et* nutans, *Pers. Syn.* 1, *p.* 253.

S. erecta, Adima *et* nutans, *Poir. Enc.* VI, *p.* 669, 70, et *Sup.* V, *p.* 72.

S. erecta, Adima, nutans *et* Peruviana, *Rœm. et Schult. Syst. veg.* V, *p.* 437, 8.

S. Adima, *Spreng. Endeck.* 1, *p.* 294.

S. erecta *et* geminiflora, *Gin. Viol. p.* 27, *t.* II, X.

Yaoba, Caraïbeis (ex Sur.).

Adima, Galibis (ex Aub.).

Yerba de S. Martin, Peruvianis (ex Ruiz et Pav.).

PLANTA polymorpha, perennis. RADIX fibrosissima, fulva sive cinerescens. CAULES plures vel solitarii, erecti aut sæpiùs patuli ascendentesve seu procumbentes, raró radicantes (ex Ruiz et Pav. et Spreng.) lignosi vel subherbacei, digitales-2-pedales, raró simplices, sæpiùs ramosi vel ramosissimi aut basi tantummodò ramosi: rami ascendentes seu erectiusculi, subgraciles, angulati, glabri, nigrescentes seu atro-purpurei vel subvirides. FOLIA alterna, breviter petiolata, 7-18 l. longa, 2-5 l. lata, patula, sæpiùs oblongo-lanceolata, raró ovata aut in eodem specimine inferiora ovata et superiora oblongo-lanceolata, superiora quandoquè subbreviora, utrinquè acuta, serrata, subtùs margine callosa, glaberrima; nervo medio proeminente; venis lateralibus approximatis. STIPULÆ laterales, geminæ, lineari-subulatæ, longè ciliatæ, striatæ, subscariosæ, rubiginosæ, persistentes. PEDUNCULI axillares, solitarii, gemini aut terni, uniflori, subcapillacei, apice subincrassati, glabri, folio sæpiùs breviores, floriferi nutantes vel quandoquè erecti. CALYX profundè 5-partitus, vix inæqualis, patentissimus, in fructu clausus; laciniis ovato-oblongis, acutis, apice vix denticulatis, in cilium desinentibus, concavis, glabris, viridibus, marginibus submembranaceis. PETALA EXTERIORA 5, hypogyna, cum foliolis calycinis alternantia, iisdemque paulò breviora, patentissima, obovata, breviter unguiculata, ungue latiusculo, obtusissima, apice vix crenulata, glabra, alba vel quandoquè carnea, decidua. PETALA INTERIORA 5, exterioribus opposita, iisdem breviora, erecta, marginibus incumbentia, in tubum conniventia, linearia, obtusa, subretusa, subcrenulata, glabra, basi purpurea, apice alba, persistentia, externè cincta filis cum iisdem basi coalitis, crebris, uniseriatis, setaceis, obscurè purpureis, summo apice clavatis vel angulato-rotundis aut sæpiùs reniformibus. STAMINA 5, cum petalis exterioribus interioribusque alternantia, iisdemque breviora, inclusa, erecta, persistentia, cum corollà interiore filisque, gynophoro brevissimo, vix manifesto inserta : filamenta brevissima, petalorum interiorum basibus infernè coalitis : antheræ basi affixæ, immobiles, posticæ, lineares, oblongæ, angustæ, 4-gonæ, 2-loculares, apice lateraliter dehiscentes. STYLUS terminalis, capillaceus, glaber. STIGMA continuum, vix manifestè dentatum. OVARIUM glabrum, sub-3-lobum, 1-loc., polyspermum, gynophoro insidens. CAPSULA calyce, filis, corolla interiore staminibusque persistentibus cincta, ovato-oblonga, acutissima, 3-loba, 1-locularis, ab apice ad medium pauloque inferiùs vacua, et per valvulas 3 dehiscens; valvulis infra medium usquè ad basim marginibus introflexis, nec usquè ad centrum omninò productis, extremitate seminiferis nec revolutis. SEMINA 2-seriata, subgloboso-elliptica, basi mucronulata, eleganter favoso-scrobiculata, fusca, glabra : umbilico terminali. INTEGUMENTUM crustaceum. PERISPERMIUM carnosum. EMBRYO axilis, rectus, teretiusculus : cotyledones obtusæ : radicula ad hilum spectans.

Crescit in pratis humidis, ad fontes et ripas rivulorum, et in paludibus; in *Mexico* (Moncino et Sece ex Gingins de Lassaraz); in *Cuchero*, *Pillao*, *Ischutanam* et *Papato Peruvianorum* (Ruiz et Pav.); in *Novâ Andalusiâ* propè *Caripè* et *Cumanacoa*, item inter *Mariquita* et *Real de S. Anna Novo-Granatensium* (Humb.); in *Caiennâ* et *Guayanâ* (Aub.); in *Domingo* (Willd.); in *Porto-Rico* (Baudin, in Herb. Jus.); in *Jamaïcâ*, inter *Mount-Diable* et *St.-Ann.* (Pat. Brown); *Martinicâ* (Jaquin); *St.-Thomas* (Ledru); in *Surinamo* (Willd.): inveni in *Brasiliâ*, à faucibus fluminis vulgò *Rio-Doce* usquè ad prædium *Jaguarahyba*, in campis quos dicunt *Campos-Geraes*, ultra tropicos; sed nullibì frequens (1): nascitur in *Guineâ* (Willd.); in insulâ *Madagascar* (Aub. Pet. et Perottet); in *Javâ* (Perottet).

Floret in *Peruviâ* Maio ad Octobrem (Ruiz et Pav.); Augusto et Septembre (Humb.); in *Guayanâ* et in *Brasiliâ* toto ferè anno.

Obs. Comme les modifications auxquelles sont sujettes les diverses parties de cette plante se combinent de toutes les manières, j'ai mieux aimé les indiquer dans la description générale, en traitant de chaque organe, que de faire un long catalogue de variétés qui peut-être encore se seroit trouvé incomplet.

5. Sauvagesia tenella. Tab. III, B.

S. caule herbaceo, tenello, subsimplici; foliis sessilibus, lineari-lanceolatis, rarè dentatis; stipulis minimis; floribus axillaribus terminalibusque; petalis exterioribus calyce paulò longioribus; filis 5 seu minùs hypogynis.

Sauvagesia tenella, *Lam. Ill. II, p.* 119. — *Poir. Enc. VI, p.* 669. — *Rœm. et Schul. Syst. V, p.* 437.

Radix fibrosa, annua. Caulis herbaceus, sesqui-8-pollicaris, tenellus, erectus, simplex vel rarò subramosus, glaber. Folia alterna,

(1) Je ne me suis pas étendu sur la côte du Brésil, plus au nord que le Rio-Doce: mais puisque le *S. erecta* se retrouve ensuite à Cayenne, il est à croire qu'il croît aussi entre le Rio-Doce et la rivière des Amazones.

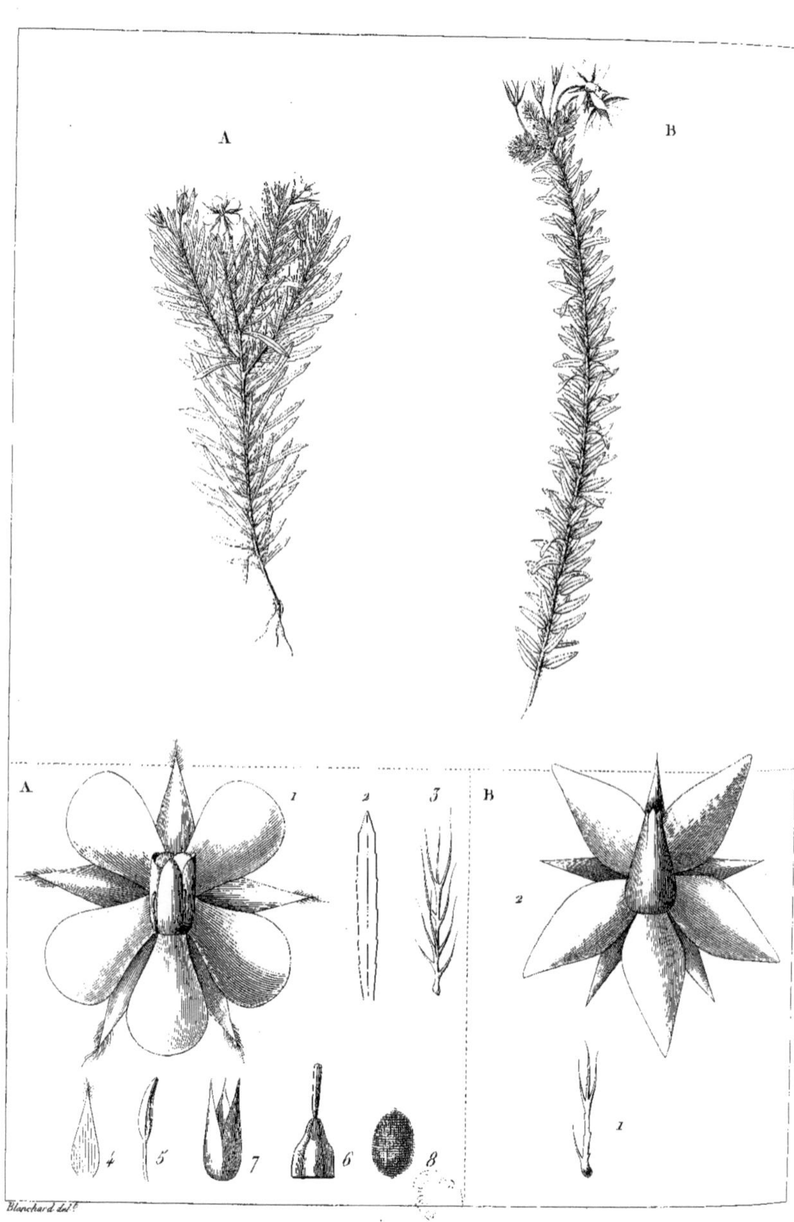

Tab. IV. A. SAUVAGESIA linearifolia. Tab. IV. B. LAVRADIA ericoides.

sessilia, remotiuscula, parva, lineari-lanceolata, oblonga, acutiuscula, circiter 3-6 l. longa, 1 ½ l. lata, rarè dentata, dentibus subcallosis, desinentia in pilum nigrescentem deciduum, crassiuscula, subavenia, glaberrima. Stipulæ laterales, geminæ, breves, lineari-subulatæ, nigrescentes, ciliatæ; ciliis subdistantibus. Pedunculi 1-6, axillares et terminales, capillares, erecti seu rarissimè nutantes, glabri. Calyx 5-partitus, subinæqualis, patentissimus, glaberrimus, in fructu clausus; laciniis lanceolatis, oblongis, acutis, concavis, margine submembranaceis, in pilum desinentibus deciduum. Petala exteriora 5, patentissima, calyce paulò longiora, obovata, obtusa, unguiculata, basi latiuscula, integerrima, glaberrima. Fili hypogyni inter corollam exteriorem interioremque intermedii, quinque, quandoque minùs aut abortu nulli, cum petalis exterioribus interioribusque alternantes, clavati. Petala interiora 5, erecta, marginibus invicem incumbentia, in tubum conniventia, exterioribus opposita, iisdem subæqualia, glabra: filamenta brevia: antheræ basi affixæ, immobiles, posticæ, filamentis vix latiores, sublineares, angustæ, obtusiusculæ, 2-loculares, imo apice lateribus dehiscentes. Stylus glaber, basi angustior, inclusus, persistens. Ovarium ovatum, glabrum, 1-loc., polyspermum : ovula placentis 3 parietalibus nec proeminentibus affixa. Capsula calice, filis, corollâ interiore staminibusque persistentibus vestita, ovata, obtusiuscula, glabra, 1-loc., polysperma, apice 3-valvis; valvulis marginibus seminiferis nec minimè introflexis. Semina favoso-scrobiculata, nigra.

Habitat in *Guayanâ* (Rich.).

6. Sauvagesia linearifolia. † Tab. IV, A.

S. caule suffruticoso digitali; foliis linearibus acutis, rarè serratis; floribus axillaribus, petalis calice paulò brevioribus; filis 5 hypogynis.

Caulis suffruticosus, digitalis, ramosus, rariùs simplex; cortice nigrescente vel fusco; ramis gracilibus, erectiusculis. Folia alterna, subsessilia, patentia, 5-6 l. longa, $\frac{1}{2}$ lata, linearia, per lentem rarè serrata, glabra, margine subtùs proeminente. Stipulæ geminæ, erectæ, fuscæ, persistentes, tenuiter ciliato-plumosæ, subbifurcatæ; ciliis 2 terminalibus, longioribus. Pedunculi in apice ramulorum axillares, solitarii vel bini, folio paulò breviores, glabri, purpurescentes. Calyx profundè 5-partitus, glaber; laciniis ovato-lanceolatis, oblongis, acutis, margine submembranaceis, apice ciliatis, ex viridi violaceis. Petala exteriora 5, hypogyna, patentissima, cum calycinis divisuris alternantia, iisdemque paulò breviora, obovata, obtusa, unguiculata, integerrima, glaberrima, alba, decidua. Fili 5, hypogyni, inter petala exteriora et interiora intermedii et cum iisdem alternantes, interioribus dimidiò breviores, clavati, albi. Petala interiora 5, erecta, invicem incumbentia, in tubum conniventia, exterioribus opposita, oblongo-elliptica, obtusissima, integerrima, glabra, rosea. Stamina 5, hypogyna, erecta, glabra, cum petalis alternantia, interioribus subæqualia : filamenta corollæ interiori basi adhærentia, longiuscula, antheris æqualia : antheræ basi affixæ, immobiles, posticæ, lineares, angustæ, obtusiusculæ, 2-loculares, lateribus ab apice usquè ad medium dehiscentes. Stylus brevis, cylindricus, basi angustatus, glaber. Stigma terminale, truncatum, vix manifestum. Capsula calyce, corollâ interiore, filis staminibusque persistentibus vestita, ovata, acuta, 3-loba, glabra, subpurpurescens, ab apice usquè ad tertiam partem inferiorem 3-valvis et vacua; valvularum marginibus inferiùs vix introflexis, seminiferis, imâ basi, eâdem introflexione productâ, dissepimenta 3 brevissima, angulo centrali arctè cohærentia nec solubilia, totidemque loculamenta constituentibus. Semina ovato-elliptica, utrinquè obtusa, favoso-scrobiculata. Integumentum crustaceum. Perispermum carnoso-succulentum. Embryo rectus, in perispermo axilis.

Inveni in arenosis partis provinciæ *Minas-Geraes* dictæ *Distrito-*

dos-Diamantes, prope locum ubi eruuntur adamantes quem vulgò vocant *Serviço-do-Rio-Pardo*; alt. circiter 4000 p.; rarissima.

LAVRADIA. Vell., Vand.

Calyx profundè 5-partitus, patentissimus, persistens, in fructu clausus. Petala exteriora 5, hypogyna, æqualia, patentissima, ovata vel ovato-lanceolata, decidua. Fili hypogyni nulli. Corolla interior monopetala, ovato-conica, apice angusto dentata, persistens, gynophoro brevissimo inserta. Stamina 5, ibidem inserta, laciniis calycinis opposita, cum petalis exterioribus alternantia, inclusa, persistentia: filamenta brevissima, imæ corollæ interiori basi adhærentia: antheræ basi affixæ, immobiles, posticæ, ellipticæ, 2-loculares, à lateribus longitrorsùmque dehiscentes. Stylus terminalis, erectus, persistens. Stigma terminale vix manifestum. Ovarium superum, supernè 1-loculare, infernè 3-loculare, polyspermum. Capsula calyce laciniisque corollæ interioris discissæ et staminibus persistentibus cincta, ovata, 3-loba, acuta, supernè 3-valvis unilocularis et vacua, infernè valvularum introflexione usque ad centrum productâ, 3-locularis, polysperma; dissepimentis lunulatìm truncatis, apice seminiferis; angulis loculamentorum internis omninò nudis! Semina 2-seriata, minuta, favoso-scrobiculata. Integumentum crustaceum: umbilicus terminalis. Perispermum carnosum. Embryo rectus, axilis: radicula ad umbilicum spectans, cotyledonibus longior.

Suffrutices glaberrimi. Folia simplicia, brevissima, petiolata. Stipulæ laterales, geminæ, ciliatæ, persistentes. Flores axillares aut terminales, racemosi, rariùsve paniculati, et in utroque casu bracteati, albi vel rosei. Præfloratio contorta.

1. Lavradia ericoïdes. † Tab. IV, B.

L. foliis confertissimis, parvis, linearibus, integerrimis, margine revolutis; floribus axillaribus.

Caulis suffruticosus, parvus, glaber, nigrescens. Folia alterna, numerosa, confertissima, patula, stipulata, brevissimè petiolata, 3-4 l. longa, ½ lata, linearia, a basi ad apicem paululùm attenuata, apice sphacelato acutiuscula, margine revoluta, suprà subavenia; nervo medio rubello, subtùs proeminente. Stipulæ laterales, geminæ, subteretes, angustissimæ, subulatæ, acutissimæ, subsimplices aut parùm ciliatæ vel ciliis paucis dentibusque intermixtæ, basi incrassatæ, quandoquè apice recurvæ. Flores in apice ramulorum axillares, pedunculati. Pedunculi foliis longiores, filiformes, glabri. Calyx profundè 5-partitus, glaber, purpureo-violaceus; laciniis ovato-lanceolatis, acuminatis, concavis, obscurè septem-nerviis. Petala exteriora 5, hypogyna, calice paulò longiora, ovata, acuta, integerrima, glabra, rosea. Corolla interior 1-petala, gynophoro brevissimo inserta, ovato-conica, subpyriformis, apice 5-dentata, ab apice ferè usquè ad medium 5-sulcata, purpurea. Stamina 5, ibidem inserta, corolla interiore dimidiò breviora, inclusa, glabra: filamenta brevissima, vix manifesta: antheræ basi affixæ, immobiles, posticæ, filamento multò latiores, oblongo-ellipticæ, acuminatæ, complanatæ, 2-loculares, ab apice usquè ad basim lateraliter dehiscentes. Stylus inclusus, gracilis, glaber. Stigma terminale, vix manifestum. Ovarium glabrum, apice vacuum, basi seminiferum. Fructum non vidi.

Crescit in apice montis *Caraça*, in provinciâ dictâ *Minas-Geraes*; alt. circiter 5700 ped.; rarissima. Floret Februario.

2. Lavradia elegantissima. † Tab. V.

L. caule parùm ramoso; foliis minutis, confertissimis, fasciculatis, ovato-ellipticis, obtusissimis, integerrimis, aveniis; racemo terminali, brevi.

Sauvagesia elegantissima. *Aug. S. Hil. Mem. Mus.* IX, *p.* 325.

Suffrutex sesqui-2-pedalis, erectus, parùm ramosus, facie ferè Lycopodii; cortice subramoso, fusco-rubescente; ramis erectius-

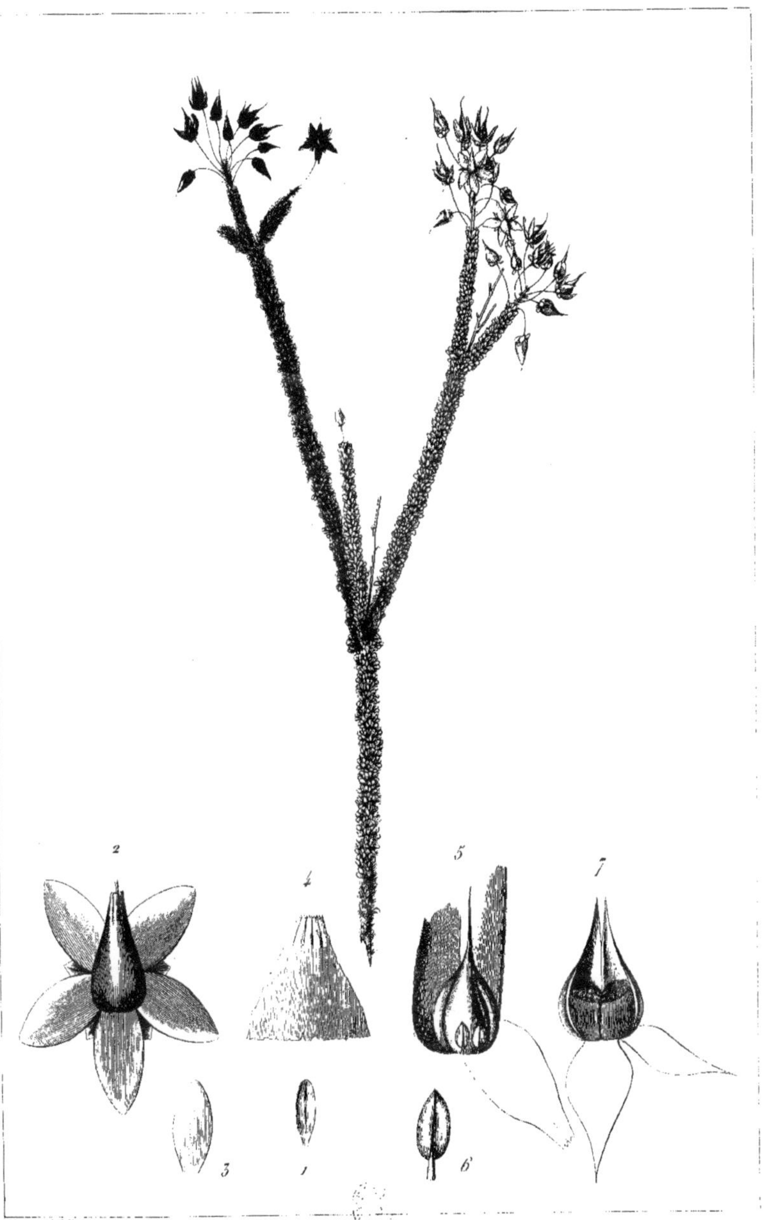

Tab. V. LAVRADIA elegantissima.

culis, rigidiusculis, cauli conformibus. Folia minuta, 1-1 ½ l. longa, brevissimè petiolata, caulem ramosque undiquè obtegentia, confertissima, fasciatìm disposita, obovato-ovatove-elliptica, obtusissima, subacuminata, integerrima, avenia, concava, glaberrima, lucida, stipulis stipata fasciatìm confertis, profundè piloso-multipartitis, fuscis, persistentibus (foliorum fasciculi ex folio uno exteriore stipulato, tandem deciduo junioribusque ex axillâ enatis, æquè stipulatis). Racemi terminales et elongatione gemmæ propinquæ demùm axillares, ½-1 ½ pol. longi, multiflori, subcompositi; rachi gracili, obscurè purpureâ; ramis brevissimis, vix manifestis, obtectis bracteolis confertis, minutissimis, lanceolato-oblongis, acutis, subscariosis, stipulis stipatis et piloso-laciniatis, rufis. Pedicelli ex axillis bracteolarum orti, simplices, 6-8 l. longi, nudi, filiformes, glabri, purpurei. Calyx profundè 5-partitus, parvus, submembranaceus, glaber; laciniis ovatis, obtusiusculis. Petala exteriora 5, hypogyna, patentissima, ovata, obtusa, integerrima, calyce 4-plò majora, glabra, carnea, decidua. Corolla interior, monopetala, ovato-conica, acutiuscula, apice 10-denticulata, ab apice usquè ad medium 5-sulcata, glabra, obscurè purpurea, apice pallidior. Stamina 5, hypogyna, imæ corollæ interiori basi adhærentia, glabra: filamenta brevissima: antheræ basi affixæ, immobiles, posticæ, latiusculæ, elliptico-ovatæ, complanatæ, apice vix cuspidatæ, 2-loculares, ab apice ferè usquè ad basin lateraliter dehiscentes. Stylus tenuis, glaber, purpureus, persistens. Stigma terminale, vix manifestum. Ovarium ovatum, acuminatum, glabrum, internè capsulæ conforme. Capsula calyce laciniisque corollæ interioris discissæ, et staminibus persistentibus vestita, ovata, 3-loba, acuminata, glabra, apice 3-valvis, superiùs 1-locularis et vacua, marginibus valvularum usquè ad tertiam partem inferiorem vix introflexis nudis; infernè 3-locularis, dissepimentis apice lunulatìm truncato seminiferis et post dehiscentiam ut antea cohærentibus.

Crescit in arenosis montium dictorum *Serra-de-Curumatahy*, in provinciâ *Minas-Geraes* prope *Tejuco*; alt. circiter 4000 ped.; rarissima.

3. LAVRADIA VELLOZII. Tab. VI.

L. caule parùm ramoso; foliis lanceolatis, utrinquè acutis, calloso-serratis; racemis compositis, subpaucifloris.

Lavradia foliis lanceolatis, serratis; caule tereti; racemis terminalibus. *Vel. Mss.* — *Vand. Fl. Lus. et Bras. p.* 15, *f.* 6. — *Vand. in Rœm. Script. p.* 88, *tab. IV*, *fig.* 6.

RADIX fibrosa. CAULIS suffruticosus, sesqui-2-pedalis, erectus, parùm ramosus, teres, gracilis, obscurè purpureus. FOLIA alterna, stipulata, 1 ½-3 ½ pol. longa, breviter petiolata, lanceolata, utrinquè acuta, calloso-serrata, glabra; nervo medio proeminente; venis lateralibus arcuatis, parallelis. STIPULÆ geminæ, 6-8 l. longæ, rectæ, plumoso-ciliatæ, fuscæ, persistentes. RACEMI axillares vel subterminales, compositi, pedunculati, subpauciflori: pedunculus erectus, gracilis, nudus, glaber, sæpè lutescens: rami breves, 1-6-flori, basi pedicellique bracteolati: bracteolæ subulatæ, subscariosæ, quandoquè glanduloso-serratæ: pedicelli erectiusculi, filiformes, glabri, 2-5 l. longi. CALYX 5-partitus, glaber, submembranaceus; divisuris ovato-lanceolatis, acutissimis, vix acuminatis, 5-nerviis. COROLLA EXTERIOR 5-petala, hypogyna, patentissima, glabra; petalis cum laciniis calycinis alternantibus, iisdemque triplò longioribus, ovato-lanceolatis, oblongis, acutis, integerrimis, septem-nerviis, albis seu vix roseis. COROLLA INTERIOR ovato-conica, acutiuscula, apice angusto 5-dentata, 5-nervia, glabra, purpurea, persistens, cum staminibus pistilloque gynophoro brevi crassoque insidens. STAMINA 5, brevia, laciniis calycinis opposita, cum petalis exterioribus alternantia, inclusa, glabra: filamenta brevissima, imæ corollæ interiori basi adhærentia: antheræ basi affixæ, immobiles, posticæ, latè ellipticæ, breviter acuminatæ, complanatæ, submembrana-

Blanchard del.t

Tab. VI. LAVRADIA Velloxii.

Tab. VI. A. LAVRADIA glandulosa. Tab. VI. B. DIONÆA muscipula.

ceæ, rufæ, 2-loculares, lateraliter longitrorsùmque dehiscentes. STYLUS subulatus, glaber, primùm inclusus, post anthesin exsertus, persistens. STIGMA terminale, vix manifestum. OVARIUM ovato-conicum, 3-gonum, glabrum. CAPSULA staminibus corollæque interioris laceræ vestigiis cincta, ovato-oblonga, acutissima, 2-loba, submembranacea, glabra, obscurè rufa, ultra medium 3-valvis, superiùs 1-locularis et vacua; valvulis ab apice usquè ad medium nudis, inferiùs marginibus seminiferis, et basi, introflexione usquè ad centrum productâ, dissepimenta 3 totidemque loculamenta efformantibus; dissepimentis brevissimis, apice lunulatìm truncato seminiferis nec dehiscentiâ solubilibus. SEMINA 2-seriata, ovato-elliptica, utrinquè obtusa, favoso-scrobiculata, glabra, rufa. INTEGUMENTUM crustaceum. PERISPERMUM carnoso-succulentum. EMBRYO rectus, cylindricus, parvus, axilis: cotyledones sublanceolatæ, radiculâ breviores.

Nascitur in sylvis humidis et rarissimè in aridis montium continuorum Provinciæ *Minas-Geraes* (1), ex quibus oriuntur fontes, hinc fluminis *Rio-doce*, et indè fluminis *S. Francisci*, præcipuè in jugis altis dictis *Serra-Negra*, *Serra-da-Caraça*, *Serra-da-Lapa*; alt. circiter 3700 ped.

4. LAVRADIA GLANDULOSA. † Tab. VII, A.

L. caule parùm ramoso; foliis confertissimis, obovatis, obtusissimis, sphacelato-serratis, mucronatis; racemis brevissimè ramosis; bracteis calycibusque glanduloso-serratis.

CAULIS suffruticosus, 1-2-pedalis, parùm ramosus, nigrescens; ramis erectis. FOLIA alterna, subsessilia, stipulata, confertissima, imbricata, 12-15 l. longa, obovata, obtusissima, sphacelato-serrata, breviter mucronata, margine calloso alboque elevata, tenuissimè ramoso-striata; nervo medio hinc et indè proeminente, in mucronem

(1) *Serra-do-Espinhaço* Eschw.

producto jam supra memoratum. BRACTEÆ cauli adpressæ, imbricatæ, angustæ, ciliatæ; ciliis longis, ascendentibus. RACEMI terminales aut demùm axillares, pedunculati, brevissimè ramosi, multiflori : pedunculi glabri, ancipites : rami obtecti bracteis sessilibus, stipulatis, lanceolato-ovatis, glanduloso-serratis, confertissimis, deciduis. PEDICELLI 5-12 l. longi, in axillis bractearum solitarii, uniflori, erecti, filiformes, glabri, rubelli. CALYX profundè 5-partitus, subinæqualis; laciniis lanceolatis, acutis, glanduloso-serratis. PETALA 5, lanceolata, acuta, basi latiuscula, integerrima, glaberrima, alba, calyce ferè 2-plò longiora. COROLLA INTERIOR 1-petala, ovato-conica, apice angusto 5-crenata, crenulis vix manifestè 2-dentatis, glaberrima, rosea. STAMINA 5, inclusa, laciniis calycinis opposita, et cum petalis exterioribus alternantia, glabra : filamenta brevissima, corollæ interioris basi adhærentia; antheræ basi insertæ, immobiles, posticæ, lineari-ellipticæ, apice retusæ, fuscæ. STYLUS capillaris, glaber. STIGMA terminale, vix manifestum. OVARIUM ovatum, acutissimum, 3-lobum, glabrum, cum staminibus corollâque interiori gynophoro brevissimo insidens. CAPSULA globoso-ovata, acutissima, 3-loba, ultra medium 3-valvis et vacua; valvulis valde concavis, infra medium curvatìm introflexis, seminiferis et, imâ basi introflexione usquè ad centrum productâ, dissepimenta 3 brevissima totidemque loculamenta constituentibus. SEMINA 2-seriata, minutissima, elliptico-ovata, utrinquè obtusa, vix curvata, tenuissimè favoso-scrobiculata. UMBILICUS ad extremitatem angustiorem sublateralis. PERISPERMUM carnosum. EMBRYO axilis, rectus, teres.

Crescit inter saxa, in montibus provinciæ *Minas-Geraes* dictis *Serra-de-S.-Joze* prope urbem *S.-Joao-del-Rey*.

Var. β. rubra ; foliis minùs confertis, sæpiùs paulò angustioribus, tenuiùs serratis; floribus majoribus; pedunculis, calycibus, corollisque rubris; corollâ interiore sæpiùs longiore et angustiore. An mera varietas?

Tab. VIII. LAVRADIA Capillaris.

Frequentior varietate α, invenitur in montibus benemultis provinciæ *Minas-Geraes* inter saxa, præsertìm in locis dictis *Itambè, Ponte alta, Candonga*, alt. circiter 2000 ped. Floret Februario, Martio.

5. Lavradia capillaris. † Tab. VIII.

L. caule ramosissimo; foliis approximatis, numerosis, lanceolatis, utrinquè acutis, glanduloso-serratis, lineatìm venosis; paniculis terminalibus, divaricatis, capillaribus, subpaucifloris.

Caulis suffruticosus, 1 ½-2 ½ pedalis, ramosissimus. Folia numerosa, approximata, alterna, stipulata, 5-8 l. longa, lanceolata, utrinquè acuta, in petiolum brevem attenuata, serrata, lineatìm venosa, margine subcallosa, in sinubus serraturarum glandulosa; glandulis rotundis, medio depressis, fulvis. Stipulæ geminæ, breves, angustissimæ, plumoso-ciliatæ, fuscæ, persistentes. Paniculæ terminales (forsitan abortione gemmæ superioris), graciles, paucifloræ, plùs minùsve divaricatæ: pedunculus 1 ½-2 ½ pol. longus, rectissimus, filiformis, glaber, rubellus vel atropurpureus: rami capillares, rectissimi, glabri, atropurpurei vel rubelli, bracteâ suffulti minutâ, subulatâ, substipulatâ, scariosâ: pedicelli uniflori, 2-5 l. longi, capillares, ramis cæterùm conformes. Calyx 5-partitus, submembranaceus, glaber; divisuris, ovato-lanceolatis, acutis. Corolla interior, 5-petala, hypogyna, patentissima, glabra; petalis cum laciniis calycinis alternantibus, iisdemque 3-plò longioribus, ovato-lanceolatis, acutissimis, integerrimis, roseis. Corolla exterior exteriore brevior, ovato-conica, acutiuscula, apice angusto 5-dentata, supernè 5-sulcata, glabra, rubra, cum staminibus pistilloque gynophoro brevi crassoque insidens. Stamina 5, brevia, petalis exterioribus opposita, glabra, imæ corollæ interiori basi adhærentia: filamenta brevissima: antheræ basi affixæ, immobiles, posticæ, latè ellipticæ, acuminatæ, complanatæ, submembranaceæ, rufæ, 2-loculares, lateraliter longitrorsùsque dehiscentes. Stylus gracilis, glaber, primùm inclusus, post anthesin exsertus, persistens. Stigma terminale, vix manifestum. Ovarium glabrum, ovatum. Capsula calyce laciniisque corollæ interioris discissæ et staminibus persistentibus vestita, ovato-oblonga, acuminata, 5-loba, glabra, usquè ad medium 5-valvis; valvulis extùs medio costatis, intùs ultra medium nudis, basi introflexione usquè ad centrum productâ, dissepimenta 5 incompleta totidemque loculamenta efformantibus; dissepimentis breviter apice sublunulatìm truncato seminiferis nec dehiscentiâ solubilibus. Semina 2-seriata.

Var. β. glanduloso-pubescens; ramis glanduloso-pubescentibus; foliis minoribus; stipulis subsimplicibus.

Crescit in montibus aridis arenosisve prope *Itambè* et *Tapanhoacanga,* in provinciâ *Minas-Geraes*, alt. circiter 2000 ped. Floret Novembre — Aprili.

EXPLICATION DES FIGURES.

Tab. I. *Sauvagesia racemosa.*

Fig. 1. *Sauvagesia racemosa.* Var. α.
Fig. 2. Id. Var. β (*nana*).
Fig. 3. Fleur très-grossie.
Fig. 4. Un des filets stériles.
Fig. 5. Capsule entourée du calice et des pétales intérieurs persistans. — *a* Calice. — *b* Pétales intérieurs. — *c* Capsule. — *d* Style persistant.

Tab. II, A. *Sauvagesia Springelii.*

Fig. 1. Tige entière du *S. Springelii.* Var. α.
Fig. 2. *Id.* *id.* Var. β (*gracilis*).

Tab. II, B. *Sauvagesia rubiginosa.*

Fig. 1. Portion d'un rameau du *S. rubiginosa.* Var. α.
Fig. 2. *Id.* *id.* Var. β (*luxurians*).

Tab. III, A. *Sauvagesia erecta.*

Fig. 1, 2, 3. Portions de rameaux de différentes variétés.
Fig. 4. Fleur très-grossie.
Fig. 5. Division du calice; *id.*
Fig. 6. Filet stérile : leur forme est variable.
Fig. 7. Un pétale intérieur.
Fig. 8. Une étamine.
Fig. 9. *Id.* plus grossie encore pour montrer sa déhiscence.
Fig. 10. Capsule.
Fig. 11. *Id.* On voit qu'elle s'ouvre en trois valves. *a* — Calice persistant. — *b* Pétale intérieur, *id.* — *c* Les valves.
Fig. 12. Coupe horizontale de la capsule : on voit que les valves rentrant en dedans, s'avancent presque jusqu'au centre, mais sans adhérer entre elles.
Fig. 13. Graine.

Tab. III, B. *Sauvagesia tenella.*

Fig. 1. Tige entière du *S. tenella*. Cette figure représente un des individus les plus petits.

Fig. 2. Feuille très-grossie.

Fig. 3. Fleur *id.* —*a* Calice.—*b* Pétales extérieurs.—*c* Pétales intérieurs.— *d* Filet stérile unique : les autres avortent souvent.

Fig. 4. Intérieur de la fleur montrant trois des pétales internes, les étamines et l'ovaire.

Fig. 5. Capsule entourée du calice et des pétales intérieurs persistans.

Fig. 6. Coupe horizontale de la capsule : on voit que les valves ne rentrent point en dedans.

Fig. 7. Graine.

Tab. IV, A. *Sauvagesia linearifolia.*

Fig. 1. Fleur très-grossie.

Fig. 2. Feuille très-grossie.

Fig. 3. Stipule.

Fig. 4. Division du calice.

Fig. 5. Etamines.

Fig. 6. Pistil.

Fig. 7. Capsule 3-valve.

Fig. 8. Semence.

Tab. IV, B. *Lavradia ericoides*

Fig. 1. Stipule très-grossie.

Fig. 2. Fleur très-grossie

Tab. V. *Lavradia elegantissima.*

Fig. 1. Une feuille grossie.

Fig. 2. Fleur très-grossie.

Fig. 3. Un des pétales de la corolle extérieure grossie.

Fig. 4. Corolle intérieure développée artificiellement et très-grossie.

Fig. 5. Capsule entourée des étamines persistantes et des débris de la corolle interne.

Fig. 6. Etamines.

Fig. 7. Intérieur de la capsule : on voit que le sommet des cloisons incomplètes est séminifère.

Tab. VI. *Lavradia Vellozii.*

Fig. 1. Fleur très-grossie.
Fig. 2. Une des divisions du calice, *id.*
Fig. 3. Un pétale, *id.*
Fig. 4. Capsule avant la déhiscence.
Fig. 5. Capsule ouverte et le style persistant.
Fig. 6. Intérieur de la capsule.
Fig. 7. Semence.
Fig. 8. Embryon.

Tab. VII, A. *Lavradia glandulosa.*

Fig. 1. Fleur très-grossie.
Fig. 2. Division du calice.

Tab. VII, B. *Dionæa.*

Fig. 1. Graine avec ses deux tégumens.
Fig. 2. Graine dépouillée du tégument extérieur.
Fig. 3. Amande (Rich.) — *a* Périsperme. — *b* Embryon : on voit par cette figure que l'embryon du *Dionæa* est, comme celui du *Drosophyllum*, appliqué contre la base du périsperme. — *N. B.* Cette figure se rapporte à l'article du paragraphe V de cette monographie, où il est traité des affinités du groupe des *Droseracées.*

Tab. VIII. *Lavradia capillaris.*

Fig. 1. Fleur très-grossie.
Fig. 2. Capsule 3-valve entourée des étamines persistantes et des débris de la corolle interne.
Fig. 3. Intérieur de la capsule.

HISTOIRE NATURELLE DES MAMMIFÈRES,

AVEC DES FIGURES ORIGINALES, COLORIÉES, DESSINÉES D'APRÈS DES ANIMAUX VIVANS.

OUVRAGE PUBLIÉ SOUS L'AUTORITÉ DE L'ADMINISTRATION DU MUSÉUM D'HISTOIRE NATURELLE,

PAR M. GEOFFROY-SAINT-HILAIRE,
PROFESSEUR DE ZOOLOGIE AU MUSÉUM,

ET PAR M. FRÉDÉRIC CUVIER,
CHARGÉ EN CHEF DE LA MÉNAGERIE ROYALE.

Cet ouvrage étant arrivé à sa 40e. livraison a été suspendu momentanément afin qu'on pût recueillir de nouveaux matériaux pour le continuer : l'intervalle qui depuis s'est écoulé a été mis à profit ; des dessins nouveaux ont été rassemblés, et sa publication va être reprise avec activité par le nouvel éditeur, qui vient d'acquérir de M. le comte de Lasteyrie *le fonds et la propriété des 40 premières livraisons.*

Jusqu'à présent cet ouvrage, publié grand in-folio, n'avoit pu pénétrer que dans ces riches bibliothèques pour lesquelles la fortune publique, ou les fortunes particulières font de grands sacrifices ; et il étoit en quelque sorte resté inaccessible à celles qui sont plus exclusivement destinées au travail et à l'étude. Afin d'éviter autant que possible cet inconvénient, nous donnerons une Histoire naturelle des Mammifères format in-4°., qui aura surtout pour objet de former le complément de la partie des Mammifères du RÈGNE ANIMAL *distribué d'après son organisation, par M. le* baron CUVIER, que nous ferons connoître plus particulièrement par un nouveau Prospectus.

Pour faciliter l'acquisition des 40 premières livraisons de l'ouvrage in-folio, une nouvelle Souscription est ouverte. Le prix de chaque livraison de six figures avec le texte est de .... 15 fr.

Les personnes qui prendront les 20 premières livraisons ou les 40 à la fois, les recevront classées dans l'ordre méthodique, cartonnées en 2 volumes, avec titre et tables, à raison de 260 fr. le volume, ou les 2 volumes 600

La 41e. livraison in-folio, première du 3e. vol., est en vente 15

Nota. Les figures seront tirées sur papier vélin d'Annonay. Le texte des deux éditions sera imprimé avec des caractères neufs, et rien ne sera négligé pour l'exécution de cet important ouvrage.

On souscrit chez A. BELIN, *Libraire-Éditeur, rue des Mathurins S.-J.*, no. 14.

Paris, mai 1824.

Paris, Imprimerie de A. Belin, rue des Mathurins S.-J., n. 14.

www.ingramcontent.com/pod-product-compliance
Ingram Content Group UK Ltd.
Pitfield, Milton Keynes, MK11 3LW, UK
UKHW020559180726
13838UKWH00001B/339